国家示范性中职院校工学结合一体化课程改革教材

Qiche Shangwu Kouyu
汽车商务口语

广西交通技师学院	组织编审
郑超文　林柳波	主　编
关菲明	副主编
钟修仁	主　审

人民交通出版社股份有限公司
China Communications Press Co.,Ltd.

内 容 提 要

本书是国家示范性中职院校工学结合一体化课程改革教材，是按照"以工作过程为导向、以项目建设为载体"的教学模式，由广西交通技师学院组织本院专业教师编写而成的重点建设专业课程教材。本书知识点清晰，内容编排新颖，图文并茂，直观性强，通俗易懂。

本书内容包括：新车销售、汽车配件管理、汽车保险与理赔、二手车评估与销售，共计4个学习项目。

本书供中等职业院校汽车类专业师生教学使用，亦可供汽车维修行业相关技术人员学习参考。

图书在版编目(CIP)数据

汽车商务口语／郑超文，林柳波主编. —北京：
人民交通出版社股份有限公司，2015.3
国家示范性中职院校工学结合一体化课程改革教材
ISBN 978-7-114-11885-2

Ⅰ.①汽… Ⅱ.①郑…②林… Ⅲ.①汽车—商务—英语—口语—中等专业学校—教材 Ⅳ.①H319.9

中国版本图书馆 CIP 数据核字(2014)第 284920 号

国家示范性中职院校工学结合一体化课程改革教材

书　　名：	汽车商务口语
著 作 者：	郑超文　林柳波
责任编辑：	闫东坡
出版发行：	人民交通出版社股份有限公司
地　　址：	(100011)北京市朝阳区安定门外外馆斜街3号
网　　址：	http://www.ccpress.com.cn
销售电话：	(010)59757973
总 经 销：	人民交通出版社股份有限公司发行部
经　　销：	各地新华书店
印　　刷：	北京市密东印刷有限公司
开　　本：	787×1092　1/16
印　　张：	10
字　　数：	210千
版　　次：	2015年3月　第1版
印　　次：	2020年1月　第3次印刷
书　　号：	ISBN 978-7-114-11885-2
定　　价：	23.00元

(有印刷、装订质量问题的图书由本公司负责调换)

国家示范性中职院校工学结合一体化
课程改革教材编审委员会

主 任 委 员：罗　华　　钟修仁

副主任委员：陆天云　关菲明　张健生　蒋　斌　谭劲涛
　　　　　　郑超文　赖　强　张　兵

委　　　员：樊海林　封桂炎　吴　红　李　毅　廖雄辉
　　　　　　杨　波　刘江华　梁　源　陆　佳　赖昭民
　　　　　　黄世叶　潘敏春　黄良奔　梁振华　周茂杰
　　　　　　韦军新　陆向华　谢毅松

丛 书 主 编：郑超文

丛 书 主 审：陆向华

本 书 主 编：郑超文　林柳波

本书副主编：关菲明

本 书 主 审：钟修仁

前　言

随着我国汽车产业的迅速发展,汽车保有量快速攀升,汽车后市场空前繁荣,汽车维修行业面临机遇和挑战。目前,汽车维修行业专业人才紧缺现象日益突出,从业人员文化水平、业务知识、操作技能、环保意识、道德素养等方面亟待提高,迫切需要加强学习能力培养和职业技能训练。为此,广西交通技师学院在国家级中等职业教育改革发展示范学校建设过程中,依托校企合作、工学结合,根据汽车检测与维修、汽车钣金技术、汽车营销、物流管理四个重点建设专业培养方案,组织编写了这套国家示范性中职院校工学结合一体化课程改革教材。

本套教材由广西交通技师学院组织,通过校企合作的形式编写,是学校与保时捷、丰田、大众、现代等汽车公司以及北京史宾尼斯机电设备有限公司、北京运华天地科技有限公司深度校企合作成果的展示。在教材编写过程中,充分调研市场,认真总结课程改革与专业教学经验,按照"工学结合四对接"(学习过程对接工作过程、专业课程对接工作任务、课程内容对接岗位标准、顶岗实习对接就业岗位)的人才培养机制,以及"产训结合,能力递进"的人才培养模式;基于学校专业人才培养方案、教学过程监控与考核评价体系,兼顾企业典型工作项目、技术培训内容,贯穿企业"7S"(整理、整顿、清扫、清洁、素养、安全和节约)管理模式;从汽车维修企业岗位需求出发,相应组织和调整教材内容,力争体现汽车专业新知识、新技术、新工艺及新方法,满足培养学生成为"与企业零接轨、能力持续发展的高技能人才"的教学需要。

本套教材是广西交通技师学院重点建设专业课程改革教材,共计4个子系列、13种教材,包含了汽车检测与维修专业7种教材:《汽车检测与维修技术(初级学习领域一)》、《汽车检测与维修技术(初级学习领域二)》、《汽车检测与维修技术(中级学习领域一)》、《汽车检测与维修技术(中级学习领域二)》、《汽车检测与维修技术(高级学习领域一)》、《汽车检测与维修技术(高级学习领域二)》、《汽车电学基础》,汽车钣金技术专业2种教材:《汽车车身修复基础》、《汽车车身修复技术》,汽车营销专业2种教材:《二手车销售实务》、《汽车商务口语》,物流管理专业2种教材:《仓储与配送》、《运输实务管理》。教材内容编排新颖,知识点清晰,图文并茂,直观性强,通俗易懂。这些教材分则独立成卷,合则融为整体,主要供中等职业院校汽车类专业教学使用,也可供汽车维修行业相关技术人员学习参考用。

　　本书是《汽车商务口语》，由广西交通技师学院汽车营销专业教师编写，其中：林柳波编写学习项目1，罗莎编写学习项目2，宋婷、纪静华编写学习项目3，赵霞飞、周娟娟编写学习项目4。摄影由钟岳、黄一峻负责。全书由郑超文、林柳波担任主编，关菲明担任副主编，钟修仁担任主审。

　　本套教材编写还得到了中国汽车工程学会汽车运用与服务分会、南宁市汽车维修企业、其他兄弟院校以及广西钜荣汽车销售服务有限公司汪华文、淡庆威、冯建宁的支持与帮助，在此致以诚挚的谢意！由于时间仓促，加之我们的经验和学识方面的欠缺，书中难免存在着诸多不足之处，恳请从事职业教育理论研究和汽车相关专业教学的各位同仁不吝赐教、代为斧正，我们期待着你们对我们不懈追求的支持，也诚望大家批评和指正。

教材编审委员会
2014 年 9 月

目　　录

学习项目1　新车销售 ……………………………………………………… 1
　学习任务1　接待顾客 ………………………………………………………… 2
　学习任务2　认识汽车品牌 …………………………………………………… 9
　学习任务3　认识汽车构造 …………………………………………………… 16
　学习任务4　新车推介 ………………………………………………………… 24

学习项目2　汽车配件管理 …………………………………………………… 34
　学习任务1　认识汽车配件 …………………………………………………… 35
　学习任务2　汽车配件订货采购 ……………………………………………… 43
　学习任务3　汽车配件的仓库管理 …………………………………………… 52
　学习任务4　汽车配件销售 …………………………………………………… 61

学习项目3　汽车保险与理赔 ………………………………………………… 70
　学习任务1　汽车保险及其专有名词 ………………………………………… 71
　学习任务2　汽车保险主要产品及方案选择 ………………………………… 78
　学习任务3　汽车保险承保 …………………………………………………… 90
　学习任务4　汽车保险理赔 …………………………………………………… 98
　学习任务5　汽车保险营销中的抗拒处理 …………………………………… 106

学习项目4　二手车评估与销售 ……………………………………………… 116
　学习任务1　二手车评估接待 ………………………………………………… 117
　学习任务2　二手车评估 ……………………………………………………… 125
　学习任务3　二手车价格商谈 ………………………………………………… 133
　学习任务4　二手车销售 ……………………………………………………… 141

参考文献 ……………………………………………………………………… 150

学习项目1 新车销售

  学习目标

⭐ **知识目标**

能用普通话准确读出词语及句子。

⭐ **技能目标**

能够结合礼仪动作、肢体语言及新车销售的情景,自然流畅地与客户进行沟通与交流。

⭐ **素养目标**

能灵活运用礼貌用语、礼仪知识,培养良好的沟通能力与沟通意识。

 学习内容

"良言一句三冬暖,恶语伤人六月寒",汽车销售人员使用得体准确的服务用语,不仅能与客户进行有效沟通,提升客户满意度,还能帮助企业树立形象,提升品牌价值。

本项目主要从接待顾客、认识汽车品牌、认识汽车构造、新车推介四个方面介绍新车销售过程中需要使用到的一些词语、句子,旨在教会学生在新车销售过程中正确运用服务用语。

本项目强调场景模拟练习。口语学习除了需要练习语音的清晰、语速的适中、语调的标准,还要配合场景模拟练习,加强实战能力,提高口语表达能力。

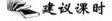 **建议课时**

40 课时

学习任务1 接待顾客

一、任务描述

陈晓是一名汽车销售的见习生,由于工作经验不足,对于面对客户该说什么、该怎么说才能符合要求把握不准。为此,销售经理李伟找到陈晓并告诉她作为一名汽车销售员应该了解一些专业术语和礼仪知识,然后给她布置了一项任务——接待顾客。

二、任务目标

完成此项任务后,你应当能:
(1)面对顾客进行自我介绍。
(2)进行电话邀约和电话回访。
(3)对顾客进行店面接待。

三、任务准备

(1)活动场地准备:将课桌布置成U形,适合学生开展小组讨论与展示。
(2)设施设备准备:电话、名片、茶托、杯子、实训车辆。
(3)学生课前准备:了解普通话的基本知识,如声母、韵母、轻声、儿化等;了解礼仪动作规范,如站、坐、行、递送、指示等;准备好职业套装。

四、任务实施

(一)词

任务:
(1)请给加点的词注音。
(2)请准确读出以下词语的读音。
(3)请找出以下读轻声的词语。

资料:

声母	唇音:b p m f	马上 吩咐 祝福 麻烦 符合 避免 满意 宝贵 咖啡 抱歉
	舌尖中音:d t n l	谅解 提示 排量 饮料 功能 类型 亮点 天窗 劳驾 多多关照
	舌根音:g k h	恭候 包涵 贵姓 好的 立刻 招呼 感谢 可乐 眼光 不客气

续上表

声母	舌面音:j q x	小姐 请看 见谅 感谢 高兴 指教 介绍 提醒 接听 时间 没关系
	舌尖后音:zh ch sh r	先生 荣幸 这里 稍候 打扰 指引 舒服 炎热 称呼 仪式 销售人员
	舌尖前音:z c s	再见 走好 选择 档次 签字 促销 慢走 赞美 早上好 不好意思
韵母	开口呼:-i(前) -i(后) a o e er ai ei ao ou an en ang eng	请问 是否 稍等 祝贺 帮助 占用 朋友 享受 配置 橙汁
	齐齿呼:i ia ie iao iou ian in iang ing	您好 欢迎 光临 名片 芳龄 乐意 谢谢 道歉 久等 对不起
	合口呼:u ua uo uai uei uan uen uang ueng ong	请坐 注意 恭喜 快乐 拜托 服务 率先 失误 沐浴 一路顺风
	撮口呼:ü üe üan ün iong	女士 愉快 询问 周全 考虑 具备 感觉 需要 特约 延续

（二）句

任务：

请你结合礼仪知识，配合礼仪动作、肢体语言，自然流畅地说出以下语句。

资料：

打招呼、自我介绍	1.您好,欢迎光临北京现代汽车特约销售服务店! 2.先生早上好,欢迎光临! 3.我是北京现代特约销售服务店的销售顾问,我叫陈晓,这是我的名片,很高兴认识您。 4.您好,这里是北京现代汽车特约销售服务店,我是销售顾问陈晓。 
询问、道歉	5.请问先生/女士贵姓? 6.请问先生/女士想看什么类型的汽车? 7.请问有什么可以帮助您的?

— 3 —

续上表

询问、道歉	8. 请问您是要凉茶、橙汁还是咖啡？ 9. 请问您是王先生/女士吗？ 10. 我能占用您三分钟的时间吗？ 11. 对不起，让您久等了。 12. 不好意思，打扰一下。 13. 对不起，由于我们工作的失误，给您带来了很大的麻烦，请您原谅。  
指引、提示	14. 请您跟我来。 15. 请在这里签字。 16. 您好，这边请。 17. 您看，这款车在同级车型中率先配置全景天窗，从前风窗玻璃一直延续到后车窗，大幅提升了整车档次感，并且后排乘客也可享受到阳光的沐浴和空间感。 18. 请您稍等，我马上就来。 19. 这是您要的饮料，请慢用。 20. 咖啡很烫，请小心饮用。 21. 请注意台阶。 22. 我就在这边，如果有需要，您招呼一声。  
赞美、感谢祝福	23. 您太有眼光了，这正是这款车的最大亮点。 24. 您真是一个考虑周全的好爸爸，这款车的车窗具备防夹手功能，能避免小孩发生意外。 25. 非常感谢您对我们提出的宝贵意见。 26. 感谢您的接听。 27. 感谢您能选择我们品牌的汽车。

续上表

赞美、感谢祝福	28. 能为您服务是我的荣幸。 29. 祝您一路顺风! 30. 祝您周末愉快!  

(三)篇

任务:

一个人扮演陈晓,一个人扮演客户进行对话模拟练习。

资料:

(1)迎接顾客

陈晓:"早上好,欢迎光临北京现代特约销售服务店,我是这里的销售顾问陈晓,这是我的名片。请问先生怎么称呼?"

顾客:"我姓王。"

陈晓:"王先生,您好,今天想看什么类型的汽车呢?"

顾客:"适合一般家庭用的。"

陈晓:"是用于上下班和接送小孩的吗?"

顾客:"是的。"

陈晓:"排量上有要求吗?"

顾客:"最好是1.6升。"

陈晓:"好的,王先生,那边有一款车子符合您的要求,请随我来。"

(2)递送饮料

陈晓:"王先生请坐,我们这里有凉茶、橙汁和咖啡,请问王先生需要哪种。"

顾客:"凉茶好了。"

陈晓:"好的,王先生,请稍等。"

陈晓:"王先生,您要的饮料,请慢用。"

(3)电话邀约

陈晓:"王先生,您好,我是北京现代汽车特约销售服务店的陈晓,我能占用您三分钟的时间吗?"

顾客:"好的。"

陈晓:"您前段时间到我们店里看车,请问您对我们的汽车还满意吗?"

顾客:"挺好的,就是价格贵了点。"

陈晓:"王先生,这个周末我们店里会进行购车促销活动,欢迎您来店看看。"
顾客:"太好了,这个周末我过去看看。"
陈晓:"那好,这个周末我在店里恭候您,您也可以带上您的家人朋友一起来。"
顾客:"好的。"
陈晓:"谢谢,祝您工作愉快!"
顾客:"再见!"
陈晓:"再见!"

(4)电话回访
陈晓:"王先生,您好,我是北京现代汽车特约销售服务店的陈晓。"
顾客:"您好。"
陈晓:"王先生,您购车已有一个月了,我提醒您,您的爱车的首保阶段是购车半年之内或行驶5000公里之内。"
顾客:"好的,谢谢您的提醒。"
陈晓:"您最近驾车感觉怎么样?"
顾客:"非常好,动力很足,驾驶起来很舒服。"
陈晓:"我们的车子能得到您的夸奖,我感到非常荣幸。如果您有朋友也想买车,您可以介绍他到店里,我一定为他介绍一款适合他的汽车。"
顾客:"没有问题。"
陈晓:"非常感谢您,祝您用车愉快!"
顾客:"再见!"
陈晓:"再见!"

(四)景

任务:
(1)设计销售人员与客户之间的对话。
(2)结合礼仪接待规范进行现场展示。

资料:
今天天气非常炎热,张先生到店里看车,并且是近期第二次到店,这次他与一位男性朋友一起来。作为汽车销售人员,陈晓需要考虑怎样与两位先生打招呼,了解张先生朋友的基本信息和两位先生来店的目的。

任务分解:
(1)分组讨论、设计陈晓与两位先生之间的谈话。
(2)将对话设计写在下面。

(3) 明确组员角色与任务分工。

角　色	任　务	分工方案1	分工方案2	分工方案3
陈晓	扮演角色			
张先生	扮演角色			
张先生的朋友	扮演角色			
记录员1	跟踪记录场景展示过程并点评			
记录员2	跟踪记录场景展示过程并点评			
摄像员	拍摄图片、视频			
观察员	观察组员并作点评			

(4) 各小组选出本组最佳"陈晓与客户",代表本组展示对话情景,接受各组检阅。
(5) 各组推举出本次任务中表现最佳的"陈晓与客户",并阐述推举理由。
推举理由：_____
_____
_____

五、任务评价

项　目	评 价 内 容	个人评价 (符合评价内容打"√")	小组评价 (符合评价内容打"√")
专业能力评价	语音清晰,能让人听得清楚		
	语调饱满,能让人听出语气的变化		
	语速适中,能控制节奏的快慢		
	停连得当,能用流利的语言进行表达		
	能运用肢体语言进行表达		
专业能力评价等级(5、4个"√"—A,3、2个"√"—B,1、0个"√"—C)			
关键能力评价	能遵守纪律,服从安排		
	能配合小组进行讨论学习		
	能完成对话设计		
	能主动扮演角色或担负任务		
	能在对话设计或展示中有所创新		
	能在学习、展示中找到乐趣		
	能维护活动场所的干净整洁		
	具备安全意识		

续上表

项　　目	评　价　内　容	个人评价 （符合评价内容打"√"）	小组评价 （符合评价内容打"√"）
	关键能力评价等级（8、7、6个"√"—A，5、4、3个"√"—B，2、1、0个"√"—C）		
个人成长评价	1.在本次任务完成的过程中，我的优点是：_____ _____ 2.在本次任务完成的过程中，我取得的进步有：_____ _____ 3.在本任务学习中，我遇到的困难是：_____ _____ 4.下一阶段我的目标是：_____ _____		

六、任务拓展

（一）绕口令练习

（1）八百标兵奔北坡，北坡炮兵并排跑，炮兵怕把标兵碰，标兵怕碰炮兵炮。

（2）一位爷爷他姓顾，上街打醋又买布。买了布，打了醋，回头看见鹰抓兔。放下布，搁下醋，上前去追鹰和兔，飞了鹰，跑了兔。打翻醋，醋湿布。

（3）四是四，十是十；十四是十四，四十是四十。要想说好四和十，全靠舌头和牙齿。要想说对四，舌头碰牙齿；要想说对十，舌头别伸直。认真学，常练习，十四、四十、四十四。

（4）进了门儿，倒杯水儿，喝了两口儿运运气儿，顺手儿拿起小唱本儿，唱一曲儿，又一曲儿，练完了嗓子我练嘴皮儿。绕口令儿，练字音儿，还有单弦儿牌子曲儿，小块板儿，大鼓词儿，越说越唱我越带劲儿，我是越说越唱越——带——劲！

（二）语言技能训练

容易—荣誉　意见—遇见　季节—拒绝　肚子—兔子　暂时—展示　栽花—摘花
祖父—祝福　杂志—榨汁　支持—字词　擦手—查收　岑溪—晨曦　木材—木柴
四季—世纪　肃立—树立　司长—市长　曾经—澄清　苏轼—舒适　肆意—示意

（三）话题训练

请你谈谈"我喜欢……"，时间限定3分钟。

学习任务2　认识汽车品牌

学习过程

一、任务描述

经过一段时间的强化训练,陈晓的服务语言表达和礼仪技能有了很大进步,已经能顺利地接待到店的顾客。销售经理李伟为了让陈晓熟悉各大汽车品牌及其车型,了解所在公司的企业文化,又给陈晓布置了下一阶段的任务——认识汽车品牌。

二、任务目标

完成此项任务后,你应当能:
(1)能说出各品牌中的主要车型。
(2)能复述汽车品牌的命名故事。

三、任务准备

(1)活动场地准备:将学生分成4~6个小组,预留学生展示空间。
(2)设施设备准备:汽车品牌车标挂图、汽车平面广告和视频广告、多媒体设备。
(3)学生课前准备:上网查看各汽车品牌的车标、广告以及与汽车命名相关的小故事。

四、任务实施

(一)词

任务:
(1)请给加点的词注音。
(2)请准确读出以下词语的读音。
(3)下列词语中有汽车的品牌及其车系,你知道的有哪些?请告诉大家。

资料:

声母	唇音:b p m f	品牌　迈腾　本田　玛驰　宝马　奔驰　力帆　气魄　普锐斯　兰博基尼
	舌尖中音:d t n l	途胜　宝莱　途观　骊威　天籁　莲花　路虎　林肯　亮丽　典范
	舌根音:g k h	皇冠　雅阁　悍马　海马　凯迪拉克　浩大　哈飞　豪情　凯美瑞　甲壳虫
	舌面音:j q x	捷达　骐达　逍客　名爵　保时捷　抢注　幸福　精彩　机能　北京现代

续上表

声母	舌尖后音:zh ch sh r	车系 宗旨 大众 锐志 日产 征服 依然 威驰 长安 雅绅特
	舌尖前音:z c s	帕萨特 桑塔纳 速腾 速度 风俗 马自达 索纳塔 轻松 出色 奥德赛
韵母	开口呼:-i(前) -i(后) a o e er ai ei ao ou an en ang eng	高尔夫 雅力士 奥迪 丰田 开创 新阳光 汉兰达 锋范 豪华 启迪
	齐齿呼:i ia ie iao iou ian in iang ing	伊兰特 朗逸 颐达 别克 标致 比亚迪 红旗 福田 奇瑞 吉利
	合口呼:u ua uo uai uei uan uen uang ueng ong	卡罗拉 福特 雷诺 突破 飞度 斯巴鲁 东风 富康 江淮 如火如荼
	撮口呼:ü üe üan ün iong	御翔 名驭 思域 轩逸 雪佛兰 曲折 驾驭 英雄 旋风 使用权

(二)句

任务:

(1)请自然、流畅、准确地读出以下车标含义及广告语。

(2)结合车型,谈谈你最喜欢那一句广告语,并说出原因。

资料:

现代		车标含义	现代商标是在椭圆中采用斜体字H,H是现代汽车公司英文名HYUNDAI的首字母
		广告词	驾驭现代成就未来
奥迪		车标含义	四个圆环代表着合并前的四家公司,每一环都是其中一个公司的象征
		广告词	突破科技、启迪未来
奔驰		车标含义	奔驰以三叉星作为轿车的标志,象征着陆上、水上和空中的机械化。"梅赛德斯"是幸福的意思,意为戴姆勒生产的汽车将为车主们带来幸福
		广告词	领导时代,驾驭未来
宝马		车标含义	宝马标志中间的蓝白相间图案,代表蓝天、白云和旋转不停的螺旋桨,喻示宝马公司渊源悠久的历史,象征该公司过去在航空发动机技术方面的领先地位,又象征公司一贯宗旨和目标
		广告词	即使你把它拆得七零八落,它依然是位美人

续上表

本田		车标含义	本田汽车商标中的字母"HM"是"HONDA MOTOR"的缩写,在这两个字母上有鹰的翅膀,象征着"飞跃的本田的技术和本田公司前途无量"
		广告词	世界品质、一脉相承
丰田		车标含义	丰田标志中的大椭圆代表地球,中间由两个椭圆垂直组合成一个T字,代表丰田公司。它象征丰田公司立足于未来,对未来的信心和雄心
		广告词	车到山前必有路,有路必有丰田车
大众		车标含义	大众汽车的标志像是由三个"V"组成,表示大众公司及其产品必胜—必胜—必胜
		广告词	"大众"荣耀,大众分享
福特		车标含义	福特汽车的标志是采用福特英文Ford字样,蓝底白字。由于创建人亨利·福特喜欢小动物,所以标志设计者把福特的英文画成一只小白兔样子的图案
		广告词	你的世界,从此无界
劳斯莱斯		车标含义	劳斯莱斯的标志图案采用两个"R"重叠在一起,象征着你中有我,我中有你,体现了两人融洽及和谐的关系
		广告词	在时速六十英里时,这辆新款劳斯莱斯汽车上的最大噪声来自它的电子钟
别克		车标含义	别克商标中形似"三利剑"的图案为共图形商标,那三把颜色不同的利剑,依次排列在不同的高度位置上,给人一种积极进取、不断攀登的感觉,而整个商标是一只展翅的雄鹰即将落在别克的英文字母上,它象征着别克是雄鹰最理想的栖息之地
		广告词	心静,思远,志在千里
雷诺		车标含义	雷诺车标是四个菱形拼成的图案,象征雷诺三兄弟与汽车工业融为一体,表示"雷诺"能在无限的(四维)空间中竞争、生存、发展
		广告词	让汽车成为一个小家

续上表

品牌	车标		说明
沃尔沃		车标含义	沃尔沃图形车标是由双圆环组成车轮的形状,并有指向右上方的箭头。中间的拉丁语文字"VOLVO",是滚滚向前的意思,寓意着沃尔沃汽车的车轮滚滚向前和公司兴旺发达、前途无量
		广告词	关爱生命、享受生活
凯迪拉克		车标含义	商标图形主要由冠和盾组成,冠象征着凯迪拉克家族的纹章,冠上七颗珍珠喻示皇家的贵族血统,盾象征着凯迪拉克军队的英勇善战
		广告词	敢为天下先
斯柯达		车标含义	斯柯达商标的含义是:巨大的圆环象征着斯柯达为全世界无可挑剔的产品;鸟翼象征着技术进步的产品行销全世界;向右飞行着的箭头,则象征着先进的工艺
		广告词	简单、聪明
日产		车标含义	"NISSAN"是日语"日产"两个字的罗马字母拼音形式,是日本产业的简称,其含义是"以人和汽车的明天为目标"。其图形商标是将 NISSAN 放在一个火红的太阳上,简明扼要地表明了公司名称,突出了所在国家的形象,这在汽车商标文化中独树一帜
		广告词	超越平凡,卓越优逸
雪佛兰		车标含义	商标是抽象化了的蝴蝶领结,象征雪佛兰车的大方、气派和风度
		广告词	未来,为我而来
奇瑞		车标含义	奇瑞汽车标志的整体是英文字母 CAC 一种艺术化变形,标志中间 A 为一变体的"人"字,预示着公司以人为本的经营理念
		广告词	梦想触手可及
比亚迪		车标含义	比亚迪的汽车标志是比亚迪的英文(Build Your Dream)的简称
		广告词	成就你的梦想

(三)篇

任务:

(1)熟读以下汽车命名故事。

(2)请给每个汽车命名故事提取3个关键词。

(3)请根据你提取的关键词,复述这些汽车命名故事。

资料:

(1)与地名有关的汽车命名

有些汽车的命名与地名有关,比如日本的"丰田",车名源自开发产地丰田县。类似的车名还有我国沈阳的"松辽"、哈尔滨的"松花江"、南京的"金陵"等。另外,美国"庞帝亚克"车名就是美国的城市之名。还有,德国大众公司的"桑塔纳",是以美国加利福尼亚州一个常刮旋风的山谷(桑塔纳)而命名的,而克莱斯勒公司的"切诺基",原本是印第安人一个部落之名。

(2)具有寓意的汽车命名

有些汽车的命名具有非常重大的寓意,如韩国现代汽车公司的"现代",寓意该产品具有现代意识;车名"大宇",在韩文中的意思为"空中的大屋",寓意该车的神圣浩大;丰田公司的"赛利卡"车名,日文意思为晴朗的天空,寓意驾驶的心情永远愉快。

(3)与人名有关的汽车命名

有些汽车的命名与人名有关,比如"BENZ"在经历了"苯茨"和"平治"等译名之后,才寻找到现在这个音义并重、尽善尽美的好名字:"奔驰",而"奔驰"源自该汽车及该公司的创始人卡尔·本茨的谐音。"福特"之名来自该公司的创始人亨利·福特;而"劳斯莱斯"又名"罗尔斯、罗伊斯",源自公司的创始人罗尔斯与罗伊斯。

(4)汽车命名影响销量

每个汽车公司都希望能将自己的产品推销到世界各地,但由于风俗习惯和语言的不同,汽车的销量有时与汽车的命名有着密切关系。在日语中,SUZUKI 同铃木是一一对应的,看到 SUZUKI 就意味着铃木,但铃木公司生产的汽车在新加坡却很少见。原来,新加坡人念 SUZUKI 时,听起来就如同闽南话的"输输去",意思是全部输掉。美国通用汽车公司生产的"诺瓦"牌汽车,在一些拉丁美洲国家曾经无人问津,原来"诺瓦"在西班牙语中的意思是"不走"。

(5)现代汽车译名抢注事例

下面是一则非常有名的汽车译名抢注事件。1992年,刚刚大学毕业的浙江人章鹏飞,揣着20多万元现金到当地工商局,一口气注册了198个"现代"商标,其中包括"现代汽车"。那时,现代汽车在韩国经营得如火如荼。10年后,当现代汽车在华合资项目——北京现代落地时,韩国现代才猛然发现,在中国广为人知的"现代汽车"品牌商标,居然早就被一位"富有远见"的浙江商人注册了。为了挽救只差"临门一脚"的北京现代合资项目,韩国现代汽车集团公司董事长郑梦九不得不亲自登门造访章鹏飞,并以4000万元的天价,买下"现代汽车"商标在中国的使用权。另一个附加条件是,章鹏飞当初创办的"浙江现代集团",成为北京现代首批授权经销商资质。"章鹏飞事件"在媒体密集报道的放大效应下,很快就成为国内企业利用海外上市新车的中文译名抢注中文商标以获利的"生动教材"。

(6)其他汽车译名抢注事例

据不完全统计,因中文商标被提前抢注,竟有多达20个"洋品牌"及其产品,不得不在进入中国市场后"改头换面"重新取名。例如,丰田YARIS因为音译词"雅瑞斯"被抢注不得不更名为"雅力士";丰田CAMRY因为名气更响亮的"佳美"被抢注而不得不更名为音译的"凯美瑞",通用Saab因为"绅宝"被抢注而不得不更名"萨博"。

(四)景

任务:

(1)通过寒暄展开聊天话题。

(2)复述一个故事。

资料:

一天,陈晓下班后遇见了以前的初中同学李梅,经过一阵寒暄后,李梅得知陈晓现在是一名汽车销售见习生,表达了自己对汽车品牌与汽车命名的兴趣,陈晓正好借此机会复述汽车命名故事。

任务分解:

(1)设计陈晓、李梅见面的寒暄语。

_____

_____

(2)将要复述的汽车品牌的故事用自己的语言写下来。

_____

_____

_____

_____

(3)明确组员角色与任务分工。

角 色	任 务	分工方案1	分工方案2	分工方案3
陈晓	扮演角色			
李梅	扮演角色			
记录员1	跟踪记录场景展示过程并点评			
记录员2	跟踪记录场景展示过程并点评			
摄像员	拍摄图片、视频			
观察员	观察组员并作点评			

(4)各小组选出本组最佳"陈晓与李梅",代表本组展示对话情景,接受各组检阅。

(5)各组推举出本次任务中"最会讲故事的陈晓"和"最会寒暄的李梅",并阐述推举理由。

推举理由:_____

_____

五、任务评价

项目	评价内容	个人评价 (符合评价内容打"√")	小组评价 (符合评价内容打"√")
专业能力评价	语音清晰,能让人听得清楚		
	语调饱满,能让人听出语气的变化		
	语速适中,能控制节奏的快慢		
	停连得当,能用流利的语言进行表达		
	能运用肢体语言进行表达		
专业能力评价等级(5、4个"√"—A,3、2个"√"—B,1、0个"√"—C)			
关键能力评价	能遵守纪律,服从安排		
	能配合小组进行讨论学习		
	能完成对话设计		
	能主动扮演角色或担负任务		
	能在对话设计或展示中有所创新		
	能在学习、展示中找到乐趣		
	能维护活动场所的干净整洁		
	具备安全意识		
关键能力评价等级(8、7、6个"√"—A,5、4、3个"√"—B,2、1、0个"√"—C)			
个人成长评价	1.在本次任务完成的过程中,我的优点是:_____		
	2.在本次任务完成的过程中,我取得的进步有:_____		
	3.在本任务学习中,我遇到的困难是:_____		
	4.下一阶段我的目标是:_____		

六、任务拓展

(一)绕口令练习

(1)坡上立着一只鹅,坡下就是一条河。宽宽的河,肥肥的鹅,鹅要过河,河要渡鹅,不知是鹅过河,还是河渡鹅?

(2)天上有个日头,地下有块石头,嘴里有个舌头,手上有五个手指头。不管是天上的热日头,地下的硬石头,嘴里的软舌头,手上的手指头,还是热日头,硬石头,软舌头,手指头,反正都是练舌头。

(3)师部司令部指示:四团十连石连长带四十人在十日四时四十四分按时到达师部司令部,师长召开誓师大会。

(4)小猪扛锄头,吭哧吭哧走。小鸟唱枝头,小猪扭头瞅。锄头撞石头,石头砸猪头。小猪怨锄头,锄头怨猪头。

(二)语言技能训练

教师在纸条上写下一句话,让每个小组(每组五人)进行"传话接龙"游戏,看看最后哪个小组传的话与纸条上写的话最接近。

(三)话题训练

说说"我最喜欢的一则故事",时间限定3分钟。

学习任务3 认识汽车构造

学习过程

一、任务描述

通过一段时间的观察,汽车销售经理李伟对陈晓前期的任务完成情况给予充分的肯定,同时他给陈晓布置了一项更具挑战的任务——认识汽车构造。汽车身上有非常多的部件,构造也相当的复杂,作为一名汽车销售人员,需要了解汽车的基本构造以及各部分构造的功能,还要学会将专业的术语转换为日常的口语,深入浅出地讲解或描述给顾客,使顾客明白。

二、任务目标

完成此项任务后,你应当能:
(1)能准确说出汽车的构成和各部分的组成。
(2)能形象地说出汽车的一些功能。

三、任务准备

(1)活动场地准备:可将教学场地安排在空间充足的汽车配件室中。

(2)设施设备准备:大量的汽车配件或挂图。
(3)学生课前准备:平时细心观察汽车构造,多与专业教师、学长、同学交流汽车知识,课前预习课本。

四、任务实施

(一)词

任务:
(1)请给加点的词注音。
(2)请准确读出以下词语的读音、语调。

资料:

声母	唇音:b p m f	发动机 关闭 保证 侧壁 保险杠 里程表 附件 辅助 仪表 分电器
	舌尖中音:d t n l	能量 地毯 浮雕 气囊 点火系 弹性 座垫 洗涤 喇叭 调节器
	舌根音:g k h	汽缸 机构 时刻 规定 横梁 壳体 缓冲 供给 可燃 故障
	舌面音:j q x	及时 开启 静止 减少 机械能 刚性 车架 倾斜 门铰链 继电器
	舌尖后音:zh ch sh r	车身 生成 燃烧 输出 润滑系 正常 标志 支柱 遮阳板 指示灯
	舌尖前音:z c s	活塞 自动 阻力 摩擦 散发 监测 总成 座椅 损失 火花塞
韵母	开口呼:-i(前) -i(后) a o e er ai ei ao ou an en ang eng	底盘 废气 配气 从而 电气设备 安装 顶篷 压力 承受 减振器
	齐齿呼:i ia ie iao iou ian in iang ing	燃料 燃气 空间 曲柄连杆 起动系 清洗 减轻 窗帘 仪表板 后视镜
	合口呼:u ua uo uai uei uan uen uang ueng ong	混合 压缩 磨损 覆盖 装饰 货物 装载 约束 门锁 刮水器
	撮口呼:ü üe üan ün iong	转矩 曲轴 次序 灯具 冷却系 旅客 悬架 确保 线圈 蓄电池

(二)句

任务:
(1)请形象地说出当代汽车由哪四个部分构成,比如,如果把汽车比喻为人,那么汽车的四个部分又相当于人的什么部位?

(2) 请用通俗的语言说出发动机的构成及各部分的功用。
(3) 请用通俗的语言说出底盘的构成以及各部分的功用。
(4) 请说出你所知道的车身部件(10个以上)，并告诉大家这些部件有哪些功用。
(5) 请用通俗的语言说出电气设备的组成以及各部分的作用。

资料：

汽车一般由发动机、底盘、车身和电气设备等四个基本部分组成			
发动机	作用		发动机的作用是将其他形式的能量转变为机械能
^	组成	曲柄连杆机构	把燃气作用在活塞顶上的力转变为曲轴的转矩,从而向工作机械输出机械能
^	^	配气机构	按要求定时开启和关闭进、排气门,使新鲜可燃混合气(汽油机)或空气及时进入汽缸,废气及时从汽缸排出
^	^	燃料供给系	把燃油和空气混合成合适比例的可燃混合气送入汽缸以供燃烧,并将燃烧生成的废气排出发动机
^	^	冷却系	把发动机的部分热量散发到大气中,以保证发动机正常工作
^	^	润滑系	减少摩擦阻力以减轻零件的磨损,并有冷却和清洗摩擦面的作用
^	^	点火系	按照点火次序在规定时刻产生电火花点燃汽缸中已被压缩的混合气
^	^	起动系	使静止的发动机起动以转入自行动转

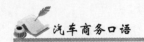

底盘	作用		底盘作用是支撑、安装汽车发动机及其各部件总成,形成汽车的整体造型,并接受发动机的动力,使汽车产生运动,保证正常行驶
^	组成	传动系	传动系的功用是将汽车发动机所发出的动力传递给驱动车轮,此外还具有减速、变速、倒车、中断动力、轮间差速等功能,能保证汽车在各种工况条件下的正常行驶,并具有良好的动力性和经济性
^	^	行驶系	行驶系的功用是：接受传动系的动力,由驱动轮产生牵引力,使汽车正常行驶；承受汽车的总重量和地面的反力；缓和路面对车身的冲击、振动,保持行驶的平顺性；与转向系配合,保证汽车操纵稳定性

续上表

底盘	组成	转向系	它能起到改变或保持汽车运动方向的功用
		制动系	制动系的功用是:使行驶中的汽车按照驾驶员的要求进行强制减速甚至停车;使已停驶的汽车在各种道路条件下稳定驻车;使下坡行驶的汽车速度保持稳定
车身	作用		车身安装在底盘的车架上,用以驾驶员、旅客乘坐或装载货物
	主要组成	车身壳体（白车身）	它是一切车身部件的安装基础,通常是指纵、横梁和支柱等主要承力元件以及与它们相连接的钣件共同组成的刚性空间结构
		车身外部装饰件	主要是指装饰条、车轮装饰罩、标志和浮雕式文字等等。散热器面罩、保险杠、灯具以及后视镜等附件也有明显的装饰性
		车身内部装饰件	包括仪表板、顶篷、侧壁、座椅等表面覆盖的饰物,以及窗帘和地毯
		车身附件	包括门锁、门铰链、玻璃升降器、各种密封件、刮水器、风窗洗涤器、遮阳板、后视镜、拉手、点烟器和烟灰盒等。有的汽车车身上还装有无线电话机、电视机或加热食品的微波炉和小型电冰箱等附属设备
		座椅	是车身内部重要装置之一。座椅由骨架、座垫、靠背和调节机构等组成。座垫和靠背应具有一定的弹性。调节机构可使座位前后或上下移动,并能调节座垫和靠背的倾斜角度。某些座椅还有弹性悬架和减振器,对其弹性悬架加以调节确保驾驶员行驶时的舒适性
		车身内部的空气调节等装置	是维持车内正常环境、保证驾驶员和乘客安全舒适的重要装置
		其他	为保证行车安全,现代汽车上广泛采用对驾乘人员施加约束的安全带、头枕、气囊以及汽车碰撞时防止驾乘人员受伤的各种缓冲和包垫装置等

续上表

车身			 
电气设备	作用		电气设备主要保证汽车点火控制、起动控制、电动辅助控制、照明与信号系统和仪表显示系统的正常运行
	主要组成	电源系统	由蓄电池、发电机、调节器组成。它的功用是向整车用电设备提供电能
		起动系统	由起动机、继电器、点火开关等组成。它的功用是起动发动机
		点火系统	由点火线圈、分电器、火花塞等组成。它的功用是将低压电转变为高压电,产生电火花点燃汽缸中的可燃混合气
		照明与信号系统	包括各种车内外照明和信号灯、喇叭等。它的功用是确保车内外照明和各种行驶条件下的人车安全
		仪表显示系统	由电流表(电压表)、水温表、燃油表、机油压力表、车速里程表、发动机转速表、发动机故障指示灯等组成。用于监测发动机和整车的运行状态
		电动辅助控制装置	包括刮水器、电动玻璃窗、电动座椅等。用于控制电动辅助装置的使用

(三)篇

任务:

(1)请用通俗的语言描述 ESP 系统的作用。

(2)请用通俗的语言描述 ABS 系统的作用。

(3)请用通俗的语言描述 EBD 系统的作用。

(4)请用通俗的语言描述 ESS 系统的作用。

资料:

(1)ESP 系统

ESP 系统即电动助力转向系统,它是汽车上一个重要的系统,通常用于支持 ABS 及 ASR 工作。工作时它先通过对从各传感器传以的车辆行驶状态信息进行分析,然后向 ABS、ASR 发出纠偏指令,以帮助车辆维持动态平衡。

ESP 系统能够兼顾高速时的操纵稳定性和低速时的转向轻便性,回正性能好。比如在车辆高速行驶时,转向盘容易产生转向"发飘"的现象,驾驶员缺少显著的"路感",从而会降低高速行驶时的车辆稳定性和驾驶员的安全感,ESP 系统能根据汽车行驶速度调节转向力度,就算手上一个不经意的小动作,转向盘也不会突然转向,提升驾驶者的驾驶感和行车安全;而对于城市堵车还要低速转弯的情况,驾驶者尤其是女性、中老年驾驶者会感到特别吃力,ESP 系统能让驾驶者更轻松便捷地操控转向盘,实现轻松转向,减轻驾驶者的手腕疲劳。

(2) ABS 系统

ABS 系统即防抱死制动系统,它是一种具有防滑、防锁死等优点的汽车安全控制系统。ABS 系统既有普通制动系统的制动功能,又能防止车轮锁死,使汽车在制动状态下仍能转向,保证汽车的制动方向稳定性,防止车辆在制动时产生侧滑和跑偏,是目前汽车上最先进、制动效果最佳的制动装置。

例如紧急的情况下,驾驶员会用力急踩制动踏板,普通的制动系统容易因为制动力超过车轮与地面的摩擦力而完全抱死,造成车辆侧翻或者跑偏,从而产生交通事故。若装有 ABS 系统,即使车辆紧急制动仍然能保证车辆的稳定性和转向能力,减少因紧急制动产生的危险和事故。

(3) EBD 系统

EBD 系统即电子制动力分配系统,它的功能就是在汽车制动的瞬间告诉计算出四个轮胎附着不同而导致的摩擦力数值,然后调整制动装置,使其按照设定的程序在运动中高速调整,达到制动力与摩擦力(牵引力)的匹配,以保证车辆的平稳和安全。

比如,在郊区路面不平的条件下,前轮附着在干燥的水泥地面上,而后轮却附着在水中或泥水中,这种情况会导致在汽车制动时车轮与地面的摩擦力不一样,制动时容易造成打滑。EBD 系统用高速计算机在汽车制动的瞬间,分别对四只轮胎附着的不同地面进行感应、计算,得出不同的摩擦力数值,使四只轮胎的制动装置根据不同的情况用不同的方式和力制动,并在运动中不断高速调整,从而保证车辆的平稳和安全。

(4) ESS 系统

ESS 系统即紧急制动提醒系统,在紧急制动时对后方车辆做出提醒,提醒后方车辆采取措施保证安全的距离,避免追尾事故的发生。

在高速行车过程中,后方车辆的驾驶者很难判断前方车辆突如其来的减速制动,汽车追尾事故由此发生,在紧急制动时,ESS 系统的功用就体现出来了。例如驾驶者在遇到紧急情况时需要紧急制动,这时车尾部的制动灯会自动快速闪烁提醒后方车辆采取相应的措施或避让,从而减少追尾事故的发生。值得一提的是,ESS 系统是非常智能化的,它在驾驶者踩下制动踏板的那一刻就能立刻计算出减速的速度,从而判断制动的状态,当车辆以 $4m/s^2$ 以下减速或者无 ABS 控制时,制动灯闪烁会自动解除,提醒后方车辆可放弃制动动作。

(四)景

任务：

根据张小姐的要求介绍车子的功能并进行场景展示。

资料：

张小姐到店内看车,看到车子宣传单上写着该车配置有 EPS 系统和 ESS 系统,由于宣传单上的介绍简短而专业,张小姐不能理解,此时,她希望陈晓能为她详细地介绍 EPS 系统和 ESS 系统的功能。

任务分解：

(1)分组讨论陈晓该用什么方法才能把相对专业的术语介绍得通俗易懂。

(2)结合任务进行对话设计。

(3)明确组员角色与任务分工。

角　色	任　　务	分工方案1	分工方案2	分工方案3
陈晓	扮演角色			
张小姐	扮演角色			
记录员1	跟踪记录场景展示过程并点评			
记录员2	跟踪记录场景展示过程并点评			
摄像员	拍摄图片、视频			
观察员	观察组员并作点评			

(4)各小组选出本组最佳"陈晓与张小姐",代表本组展示对话情景,接受各组检阅。

(5)各组推举出本次任务中表现最佳的"陈晓与张小姐",并阐述推举理由。

推举理由：

五、任务评价

项 目	评 价 内 容	个人评价 (符合评价内容打"√")	小组评价 (符合评价内容打"√")
专业能力评价	语音清晰,能让人听得清楚		
	语调饱满,能让人听出语气的变化		
	语速适中,能控制节奏的快慢		
	停连得当,能用流利的语言进行表达		
	能运用肢体语言进行表达		
专业能力评价等级(5、4个"√"—A,3、2个"√"—B,1、0个"√"—C)			
关键能力评价	能遵守纪律,服从安排		
	能配合小组进行讨论学习		
	能完成对话设计		
	能主动扮演角色或担负任务		
	能在对话设计或展示中有所创新		
	能在学习、展示中找到乐趣		
	能维护活动场所的干净整洁		
	具备安全意识		
关键能力评价等级(8、7、6个"√"—A,5、4、3个"√"—B,2、1、0个"√"—C)			
个人成长评价	1.在本次任务完成的过程中,我的优点是:_____ _____ 2.在本次任务完成的过程中,我取得的进步有:_____ _____ 3.在本任务学习中,我遇到的困难是:_____ _____ 4.下一阶段我的目标是:_____		

六、任务拓展

(一)绕口令练习

(1)出南门,走六步,见着六叔和六舅,叫声六叔和六舅,借我六斗六升好绿豆;过了秋,打了豆,还我六叔六舅六十六斗六升好绿豆。

(2)小凤提着圆灯笼,小龙提着方灯笼。小凤的圆灯笼上画着龙,小龙的方灯笼上画着凤,小凤要拿圆龙灯笼换小龙的方凤灯笼。

(3)捡颗小石子,在地上画个方格子,画好方格子造房子,画个大方格子造个大房子,画个小方格子造个小房子,楼上的房子分给鸽子,楼下的房子分给小兔子。

(4)小溪流,流呀流,流到村头柳树沟。柳树沟里一头牛,沟边坐着小柳柳,柳柳望着牛儿游,乐得身儿晃悠悠。柳柳从小爱劳动,人人都夸好姐姐。

(二)语言技能训练

我们在与他人交流的时候,要学会根据不同的场合灵活运用书面语和口头语,试将下面的口头语转换为书面语并写在括号内。

(1)形容"想"的词语

苦苦地想(　　) 静静地想(　　) 想得周全(　　)
想得混乱(　　) 想得厉害(　　) 想得很多(　　)
想得荒唐(　　) 想得离奇(　　) 想了又想(　　)

(2)形容"多"的词语

观众多(　　) 贵宾多(　　) 人很多(　　)
人才多(　　) 兵马多(　　) 事物多(　　)
色彩多(　　) 类别多(　　) 困难多(　　)
话儿多(　　) 读书多(　　) 见识多(　　)
变化多(　　) 走得多(　　) 花样多(　　)

(三)话题训练

请你谈谈"如果……",时间限定3分钟。

学习任务4　新车推介

学习过程

一、任务描述

销售经理李伟对陈晓前期任务的完成情况非常满意,他认为陈晓的业务能力可以进一步发展,于是他给陈晓指派了一位"师傅",并布置给陈晓一项极具挑战的任务——汽车推介。

二、任务目标

完成此项任务后,你应当能:
(1)能运用FAB法则介绍汽车的配置。
(2)能对汽车进行六方位介绍。

(3)能根据顾客的需求有重点的介绍汽车的舒适性、经济性、操作性或安全性等。

三、任务准备

(1)活动场地准备:分小组进行教学,将教室分为练读区和练习区。
(2)设施设备准备:多媒体设备、实训车辆。
(3)学生课前准备:上网了解FAB法则和六方位介绍法,收集汽车参数配置表,了解这些参数配置的作用;参观汽车销售4S店或汽车展销会。

四、任务实施

(一)词

任务:
(1)请给加点的词语注音。
(2)请准确读出以下词语的读音、语调。

资料:

声母	唇音:b p m f	变速器 泊车辅助 上坡辅助 烦恼 成本 转向盘 面面俱到 气势磅礴 拨片 防夹手
	舌尖中音:d t n l	长度 折叠 挡位 体验 车体结构 倒车 雕塑 乐趣 距离 电动天窗
	舌根音:g k h	高度 缸体 可变悬架 后视镜加热 功率 覆盖 汽缸 无骨刮水器 遥控钥匙 高精度
	舌面音:j q x	牵引力 扬声器 记忆 杯架 离地间隙 经济性 液晶屏 率先 兼容 舒适性
	舌尖后音:zh ch sh r	水箱 油箱容积 车门 张力 制动力 座椅加热 蒸蒸日上 异常 刮水器 时尚
	舌尖前音:z c s	最大功率 座椅高低 中控锁 尊贵 操控 车载电话 随动转向 防抱死 缩短 监测
韵母	开口呼:-i(前) -i(后) a o e er ai ei ao ou an en ang eng	车身结构 安全气囊 开朗 遮阳 玻璃 导航系统 车载电视 延时 浏览 稳定性
	齐齿呼:i ia ie iao iou ian in iang ing	电动座椅 视频影像 行李舱 排量 助力 氙气前照灯 清洗装置 前照灯 倾斜 流线感
	合口呼:u ua uo uai uei uan uen uang ueng ong	感应刮水器 宽度 最小 轮毂 座位数 无与伦比 沐浴 拓展 雾灯 腰部支撑
	撮口呼:ü üe üan ün iong	轴距 功率 防炫目 转矩 全景天窗 运动悬架 铝合金 定速巡航 音源接口

(二)句

任务：请用通俗、流畅的语言向同桌介绍以下汽车配置的作用,以及它能给车主带来什么益处。

资料：

配 置	作 用	益 处
感应刮水器	能根据雨量大小,自动调节刮水器运行速度	为驾驶者提供良好的视野,确保雨天行车的安全性
带除雾功能的风窗玻璃	提前感知车内的雾气	提高行车安全
前保险杠	发生轻微的碰撞不会损坏车辆	给人以安全感
高亮度前雾灯	穿透力强	确保雨雾天气的安全行车
双CVVT发动机	采用了进排气门连续正时可变技术,根据发动机的状况控制进排气门在最合适的时点开合,改变进排气量	发动机的动力性和燃油经济性得到了显著的提高
全铝的发动机	减轻了车身质量,提高了车辆的散热性能	发动机的动力性和燃油经济性得到了显著的提高

配 置	作 用	益 处
整车长宽高	确保整车的内部空间	给驾乘人员带来舒适
全包覆式有氧真皮座椅	舒适	带来优异的舒适性
LED蓝色背光的仪表盘	提高视觉清晰度的同时,强调出动感形象,简洁易辨的界面	使操作更加方便
手自一体变速器	满足不同的驾驶要求	车辆的动力、行驶、经济等综合性能均提供良好的保障,而且驾驶舒适感也大幅提升
电子防炫目内后视镜	夜间行驶不晃眼	夜间行驶更舒适安全
安全气囊	保护驾乘人员的安全	对车主及乘客带来全方位的安全防护

续上表

配　置	作　用	益　处

VSM车身稳定控制系统	确保制地稳定性、转向稳定性，缩短制动距离	提高行车安全，避免对第三者的意外伤害
宽大的行李舱	空间充足	无论是日常出行，还是商务活动都拥有宽大的行李空间
全景天窗	从前风窗玻璃一直延续到后车窗	大幅提升了整车档次感，并且后排乘客也可享受到阳光的沐浴和空间感
倒车雷达	在倒车时，它可以提示有无障碍物	避免第三者的意外伤害
ABS防抱死	在行车时，它通过制动的车轮抱死来有效控制行车方向	避免驾驶员和第三者的意外伤害
智能钥匙	不用掏出钥匙即可开闭车门、行李舱，起动、关闭发动机	为车主带来便利

大容积油箱	油箱容积大	能为车主减少加油次数
多功能转向盘	通过转向盘上的按键实现多种操控	能为驾驶员带来更多便利
儿童安全门锁	防止儿童打开车门	保护儿童乘车安全
随动转向灯	随着车子的行驶方向转动	提升夜间行车的安全

续上表

配　置	作　用	益　处
后视镜加热功能	通过加热加速后视镜水分的蒸发	能让驾驶者在雨雾天气行车更安全
头枕	保护驾乘人员的颈部	给驾乘人员带来安全和舒适

挡雨眉	一定程度内遮挡雨滴	让驾驶者在雨天也可享受室外清新的空气
汽车香水	散发清新香气	改善车厢内部空气质量
导航系统	根据设定的目的地,为驾驶者指路	给驾驶者带来便利
车载电视	在车内可播放影视	给乘坐者带来舒适
TPMS 系统	实时监测四个车轮的胎压	减少因爆胎产生的事故,保护驾乘人员的安全
座椅加热功能	能让座椅变得温暖舒适	给驾乘人员带来舒适

(三)篇

任务：

(1)熟读以下六方位介绍。

(2)将各方位介绍改编为汽车销售场景对话形式,并根据所改编的内容进行模拟表演。

资料：

(1)车前方

您看,第八代索纳塔的整体外观非常具有速度感、流线感、运动感和精致感,体现出车主与众不同的气质。它的前照灯造型为鹰眼设计,2.0 和 2.4 高配车型装备了带有水平调节和前照灯清洗装置的 HID 氙气前照灯,亮度高,照度强,照射范围大,夜间行车大幅提升行车安全,并且很显档次。前风窗玻璃下方内嵌有电加热丝,可对刮水器进行加热,防止冬季刮水器被冻结。第八代索纳塔的高配车型上的自动空调还带有前风窗自动除雾功能,前风窗上的自动除雾传感器能够提前感知车内的雾气,在空调处于自动模式时,可自动进行除雾,减少了驾驶者的驾车时的不便,提升了行车安全。

(2)发动机舱

第八代索纳塔采用全铝合金自然吸气汽油发动机,此项技术多用于中高级轿车中。它采用先进的 D-CVVT 和 vis 可变进气歧管技术,与同级别轿车相比,第八代索纳塔具有更强大动力性和燃油经济性,城市驾驶实用性高,维修成本低等诸多优势,并保证了极高的环保性能。另外 2.0L 和 2.4L 的排量设计给客户提供了多样化的选择,能满足不同需求的客户使用。

第八代索纳塔除了具有出色的燃油经济性外,人性化的主动式 ECO 经济驾驶模式功能可帮助车主主动控制车辆行驶状态。实现最佳经济驾驶,并养成良好的驾驶习惯和环保节能意识,成为时尚达人。第八代索纳塔全面采用最先进的 6 速手自一体变速器,不仅实现了更为平顺的操作,更大幅提升了燃油经济性。

(3)车侧方

第八代索纳塔在同级车型中率先配置全景天窗,车顶整体由 3 片高强度玻璃覆盖。从前风窗玻璃一直延续到后车窗,大幅提升了整车档次感,并且后排乘客也可享受到阳光的沐浴和空间感。在前排天窗开启时,前端玻璃会自动倾斜翘起,既可降低风燥又可减少气流灌入座舱。第八代索纳塔突出硬朗的腰线可以说是第八代索纳塔侧面最明显的特征,也是现代家族最新流体雕塑理念的体现。线条从前翼子板处一直向后延伸,并融入尾灯造型中,并且前低后高呈现出跑车般的动感和力量。大流线造型的外后视镜功能更是全面和强大,电动调整、电动折叠、电加热、迎宾照明,记忆功能甚至是倒车下倾等一应俱全。

第八代索纳塔全系均装备了大尺寸的多幅式铝合金轮圈,低配 17 英寸,高配 18 英寸。超大的轮圈不仅使得外观更为动感霸气而且配合高性能轮胎,全面提升了整车的动力性。第八代索纳塔全系标配了 HAC 上坡辅助系统,可以帮助在坡道上顺利平稳地起步停车,从而提高了复杂路况的适应性和行驶安全性。制动系统也是第八代索纳塔的一大特色,第八代索纳塔全系标配紧急制动提醒系统,可在车辆紧急制动时,为后方车辆提供更清晰更明显的刹车信号,以最大限度地避免事故的发生。此外,由高张力钢板构成的强化一体式车身采用碰撞能量分散式结构,更能够在碰撞发生的瞬间将碰撞产生的能量分散,最大限度的保护驾乘人员的安全。

(4)车后方

第八代索纳塔在确保较为紧凑的外形尺寸的同时,提供了出色的行李舱空间,实现了灵活性与实用性的完美融合。行李舱容积高达 523L,如果您经常打高尔夫球的话,同时放入4套高尔夫球包也不在话下。并且,行李舱开口经过优化,可轻松满足日常出行或商务活动时的装载能力,同时,也让您在放入或提取行李时更为方便。

(5)车后座

第八代索纳塔车长达4820mm,轴距2795mm,同级超长的轴距为前后排乘客提供了宽敞舒适的乘坐空间。前排座椅靠背的优化设计更拓展了后排的腿部空间,结合全包覆式的后排座椅设计,无论家人外出还是接送宾客,都能让后座乘客的更加舒适。第八代索纳塔的后排地板也进行了优化设计,将中间的突起部分最大限度地降低,获得相比同级车型更为平坦的效果,后排三人乘坐时再也不会委曲求全了。即使是两人乘坐,脚部的空间感也会大有不同,并且也带来横向移位时的便利和快捷。

(6)驾驶舱

第八代索纳塔对车主的关怀面面俱到,当车主携带智能钥匙走近车辆或乘车时,外后视镜会自动展开,照地灯自动亮起,迎接车主的到来,提升了整车的档次感。智能无钥匙进入和一键启动系统更为车主带来极大的便利。如果您从超市出来,手里提着很多物品,拥有了此项功能,不用掏出钥匙便可实现开锁车门、行李舱和启动、关闭发动机的功能,您就再也不用手里提着大包小包却又必须腾出手来开车门而烦恼了。第八代索纳塔全系标配超级仪表盘,具有造型动感,视觉清晰的双炮筒仪表,具有强烈的立体视觉效果而且直观易识别,可最大限度地提升行车安全。在2.0顶配和2.4顶配车型上第八代索纳塔采用了源自F1赛车的转向盘换挡技术,通过操作安置于转向盘后部的换挡拨片,驾驶者的手不需离开转向盘,只需一只手指轻轻拉动左右拨片就可实现自动变速器加减挡操作,增大了操作便捷性,轻松拥有F1赛车般的驾驶感受,并增加了无穷的驾驶乐趣,同时也可提升行车的安全性。

为了提升上下车的便利性和用车的便捷性,第八代索纳塔装备了强大的IMS记忆功能,该功能能够记忆两组座椅和外后视镜的位置。免去了驾驶者频繁手动调节的烦琐动作,并在停车取下钥匙后驾驶席座椅可自动后退50mm,方便驾驶者下车。另外,外后视镜还具备倒车自动下倾功能,使得倒车动作更为轻松安全。

(四)景

任务:

(1)设计陈晓向客户张先生推介汽车时的对话。

(2)现场展示陈晓如何向张先生推介汽车。

资料:张先生来店里看车,通过询问,陈晓知道陈先生目前拥有一辆两厢车,张先生希望再购买一辆空间充足、动力十足的三厢车用于平时接送小孩和周末郊游。陈晓根据张先生的需求进行汽车推介。

任务分解:

(1)分组讨论陈晓应该从汽车的哪些方面向张先生推介车子。

(2)将陈晓的推介以及陈晓与张先生的谈话写在下面。

(3)明确组员角色与任务分工。

角 色	任 务	分工方案1	分工方案2	分工方案3
陈晓	扮演角色			
张先生	扮演角色			
记录员1	跟踪记录场景展示过程并点评			
记录员2	跟踪记录场景展示过程并点评			
摄像员	拍摄图片、视频			
观察员	观察组员并作点评			

(4)各小组选出本组最佳"陈晓与张先生",代表本组展示对话情景,接受各组检阅。
(5)各组推举出本次任务中表现最佳的"陈晓与张先生",并阐述推举理由。
推举理由:＿＿＿＿＿＿＿＿＿＿＿＿＿＿＿＿＿＿＿＿＿＿＿＿＿＿＿＿＿＿＿＿

五、任务评价

项 目	评 价 内 容	个人评价 (符合评价内容打"√")	小组评价 (符合评价内容打"√")
专业能力 评价	语音清晰,能让人听得清楚		
	语调饱满,能让人听出语气的变化		
	语速适中,能控制节奏的快慢		
	停连得当,能用流利的语言进行表达		
	能运用肢体语言进行表达		

续上表

项　　目	评 价 内 容	个人评价 (符合评价内容打"√")	小组评价 (符合评价内容打"√")
专业能力评价等级(5、4个"√"—A,3、2个"√"—B,1、0个"√"—C)			
关键能力评价	能遵守纪律,服从安排		
	能配合小组进行讨论学习		
	能完成对话设计		
	能主动扮演角色或担负任务		
	能在对话设计或展示中有所创新		
	能在学习、展示中找到乐趣		
	能维护活动场所的干净整洁		
	具备安全意识		
关键能力评价等级(8、7、6个"√"—A,5、4、3个"√"—B,2、1、0个"√"—C)			
个人成长评价	1.在本次任务完成的过程中,我的优点是:_____ _____ 2.在本次任务完成的过程中,我取得的进步有:_____ _____ 3.在本任务学习中,我遇到的困难是:_____ _____ 4.下一阶段我的目标是:_____ _____		

六、任务拓展

(一)绕口令练习

(1)老龙恼怒闹老农,老农恼怒闹老龙。农怒龙恼农更怒,龙恼农怒龙怕农。

(2)一堆粪,一堆灰,灰混粪,粪混灰。(重复五遍)

(3)夏日无日日亦热,冬日有日日亦寒,春日日出天渐暖,晒衣晒被晒褥单,秋日天高复云淡,遥看红日迫西山。

(4)六十六岁的陆老头,盖了六十六间楼,买了六十六篓油,养了六十六头牛,栽了六十六棵垂杨柳。六十六篓油,堆在六十六间楼;六十六头牛,扣在六十六棵垂杨柳。忽然一阵狂风起,吹倒了六十六间楼,翻倒了六十六篓油,折断了六十六棵垂杨柳,砸死了六十六头牛,急煞了六十六岁的陆老头。

(二)语言技能训练

不换气,试试你一口气可以数几只球拍,"一只球拍、两只球拍、三只球拍、四只球拍、五只球拍……"

(三)话题训练

请你谈谈"成长需要……",时间限定3分钟。

学习项目2　汽车配件管理

学习目标

知识目标
能用普通话准确读出词语及句子。

技能目标
能够结合礼仪动作、肢体语言、汽车配件知识和维修接待情景，自然流畅地与客户进行沟通和交流。

素养目标
能灵活运用礼貌用语、礼仪知识培养良好的沟通能力与沟通意识。

学习内容

汽车配件是构成汽车整体的各单元及服务于汽车的产品。汽车配件种类繁多，现如今汽车品牌越来越多，汽车类型也越来越多，大体上汽车可以分为重型汽车，微型汽车，客车三大类。随着人们生活水平的提高，人们对汽车的消费也越来越多，汽车配件这个市场变得也越来越大。近些年汽车配件制造厂、汽车维修企业和汽车配件经营企业也在飞速的发展，因此对这些企业的经营管理水平以及企业经营者的素质提出了更新和更高的要求。

本项目主要从汽车配件、汽车配件订货采购、汽车配件仓库管理、汽车配件销售四个方面培养学生的口语表达能力，使学生懂得在各种情景中与客户恰当的交谈，进而提升他们的交际表达能力和与人沟通能力。

建议课时

40 课时

学习任务 1　认识汽车配件

学习过程

一、任务描述

孙杨是北京现代 4S 店的维修接待顾问,刚毕业不久,对汽车配件和维修接待流程不熟悉,不知道怎么与客户进行沟通和交流,很担心客户的投诉,为此,她下定决心好好学习并加强普通话表达技巧、汽车配件知识和如何接待客户。

二、任务目标

完成此项任务后,你应当能:
(1)能够对顾客进行维护服务接待。
(2)能够解答顾客对汽车配件有疑问的问题。
(3)能够为顾客说明保养结果。

三、任务准备

(1)活动场地准备:工作台及必要配置,如电脑、电话机、便笺纸、笔等。
(2)设施设备准备:仪容镜、维修接待顾问仪容、仪表、仪态知识及技能标准、普通话发音技巧的相关知识与音像、视听资料、汽车配件相关知识及视频资料等。
(3)学生课前准备:着装整齐、了解普通话的基本知识,了解礼仪动作规范。

四、任务实施

(一)词

任务:
(1)请给加点的词注音。
(2)请准确读出以下词语的读音。
资料:

声母	唇音:b p m f	变速器　排气管　摩擦　飞轮　摆臂　喷油嘴　牌照灯　玻璃　爆震
	舌尖中音:d t n l	连杆　挺柱　推杆　离合器　螺旋　弹簧　组合灯　灯泡　冷凝器　压力
	舌根音:g k h	缸盖　活塞　钢圈　后桥　高压线　模块　干燥瓶　空调管　鼓风机　空调

续上表

声母	舌面音:j q x	机体 进气门 节气门 减振器 机油 前照灯 进气 歧管
	舌尖后音:zh ch sh r	摇臂轴 传动轴 制动 真空 助力器 转向节 燃油 装饰 室内 蒸发器
	舌尖前音:z c s	散热器 转向灯 压缩机 火花塞 总成 散热 活塞
韵母	开口呼:-i(前) -i(后) a o e er ai ei ao ou an en ang eng	油底壳 凸轮轴 排气门 摇臂 压盘 分泵制 地盘 ABS泵 转向盘 水温 传感器 流量 氧 传感器 气囊
	齐齿呼:i ia ie iao iou ian in iang ing	连杆 进气 谐振器 制动片 前桥 球头 调 节器 燃油箱 机油泵 前转向灯 转向柱
	合口呼:u ua uo uai uei uan uen uang ueng ong	轮毂 制动鼓 油管 轮胎 开关 燃油管 水 泵 水管 防雾灯 组合 温控
	撮口呼:ü üe üan ün iong	曲轴瓦 机油滤芯 安全带 滤清器 曲轴 滤 芯 线圈

(二) 句

任务:

请结合所学的汽车配件知识,朗读以下句子。

资料:

车身维护建议	1. 为保持车辆美观,每日保养工作是很重要的。在雪地行驶时,要清洗底盘,以免融雪剂腐蚀。 2. 为保持车辆美观,建议您最好每月打一次车蜡,特别是夏天。  
节油建议	3. 发动机怠速运转时,每分钟约消耗 10~20mL 汽油。如停车时间较长时,应将发动机熄火。 4. 车辆启动后的急加速,所消耗的汽油足够车辆行驶 40~50m。 5. 胎压不当会增加燃油消耗,通常最好是使胎压略高于标准,尤其是准备在高速道路上行驶时。

续上表

节油建议	6. 保持匀速行驶是节油的最佳方式,尤其是在高速道路行驶时。 7. 行李舱中,避免放置不必要的行李或物品,那样会增加油耗。  
底盘	8. 您的车辆有一个前/后减振器漏油,漏油的减振器会使乘坐不舒适,应该修理。 9. 消声器的固定螺栓松了,我们已免费帮您拧紧了。 10. 前半轴套已经破裂,现在不及时更换,如果泥沙进入前半轴中,在急转弯时会听到前车身下面传来异常的噪声,那时也许不得不清洗或更换前半轴,将会花费更多的费用。 11. 您爱车的消声器已经锈蚀了,应尽快更换。  
制动器	12. 您爱车的后制动衬片只剩 2mm 了,虽然使用极限为 1mm,我们还是建议更换,以确保驾驶安全。 13. 您爱车的盘式制动器摩擦衬块磨得只剩 2mm 了,我们建议尽快更换,以确保驾驶安全。 14. 驻车制动器操纵杆行程太大,这可能导致驻车制动不良,我们已经调整了。  
轮胎	15. 轮胎已经磨损得相当厉害了,如果这样继续行驶,可能在雨天或山路上打滑,应该尽快更换。 16. 四个轮胎的胎压都太高,这会加速轮胎磨损,所以我们已将其调整至标准值。

续上表

轮胎	17. 左前胎已磨损至危险状况了,所以我们已帮您换上了备用胎,您应该尽快购买新轮胎。 18. 您的备用胎的气压只有 1.6kg/cm²,我们已增加至 2.0kg/cm²,以确保随时能用。  
车室内	19. 熔断丝盒里已经没有熔断丝了,建议买几个备用。 20. 空调器的排水软管脱落,我们已经修好。 21. 加速踏板橡胶已经磨光了,建议更换,否则雨天容易打滑。 22. 换挡杆防尘套已经破裂,车外噪声会由此传入,换上新的会安静很多。  
车身	23. 发动机盖不能平顺开关,我们已给发动机铰链加油了。 24. 这里已经损坏,露出钢板了,如不修理,锈蚀就会在漆面下蔓延,损坏车身,使油漆脱落,请尽快修理。  
刮水器	25. 喷洗液喷嘴被车蜡堵住了,喷洗液喷不出来,我们已将车蜡清除了,但是以后打蜡时要注意。 26. 前风窗玻璃上有一块车蜡薄膜,妨碍刮水器的运作,我们已将其清除。 27. 刮水器刮片的停止位置太高了,这会使刮片不能刮到整个风窗玻璃,我们已将其调低了。

续上表

刮水器		
发动机舱	28.您爱车的风扇皮带松了,可能导致皮带打滑,我们已调整好了。 29.空调器皮带磨损了,这可能导致空调器失灵,应迅速更换。	

(三)篇

任务:

一个人扮演维修接待顾问,一个人扮演客户进行对话模拟练习。

资料:

(1)接待顾客

孙杨:"张女士,您好,请问您这次是来做维护还是检查维修?"

顾客:"我是来维护的。"

孙杨:"张女士,您的行驶证或维护手册给我登记一下好吗?"

顾客:"好的。"

孙杨:"谢谢。"

(检查完毕后)

孙杨:"张女士打扰您一下,在检查过程中,我们发现您的车辆有必要更换制动摩擦片,请您看一下,好吗?"

顾客:"嗯,好像是。"

孙杨:"您看,摩擦片磨损得只厚2mm厚了,已小于标准值,如果不更换会影响车辆制动效果,所以我们建议您尽快更换,您觉得怎样?"

顾客:"好吧。"

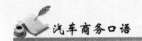

孙杨:"好的,请您稍等,我马上为您安排。"
(2)解答顾客的问题
孙杨:"张女士,您好,我是北京现代4S店汽车维修顾问小孙。"
顾客:"你好。"
孙杨:"请问有什么可以帮到您的吗?"
顾客:"我想换个空调滤芯,每个服务站都有卖吗?在外面哪里可以买得到?"
孙杨:"只要是北京现代汽车4S店或授权的服务站都有这个备件,如果您想更换,欢迎您来到我们北京现代汽车服务站,我们将竭诚为您服务。另外,北京现代汽车的原厂配件都有防伪标识。"
顾客:"知道了,谢谢。"
孙杨:"不用谢。"
(3)为顾客说明维护结果
孙杨:"您好,我是北京现代4S店汽车服务顾问的孙杨,请问您是张女士吗?"
顾客:"是的。"
孙杨:"张先生(女士),欢迎您这次来参加我们的免费维护活动。"
顾客:"谢谢。"
(保养完毕后)
孙杨:"张女士打扰您一下,在维护过程中,我们发现您的车辆有一个前减振器漏油,漏油的减振器会使乘坐不舒适,应该尽快修理,如果您现在需要修理,我马上为您安排。"
顾客:"我现在时间来不及了,能过两天再来吗?"
孙杨:"那好吧,虽然暂时尚无大碍,但是请您尽快修理,我已把这个问题记录在您的维护卡上了,有什么问题的话,请及时联系我,谢谢,请慢走。"
顾客:"再见。"
孙杨:"再见。"

(四)景

任务:
(1)设计维修接待顾问与客户之间的对话。
(2)并运用服务口语与普通话表达技巧,结合服务礼仪进行现场展示。

资料:
张女士今天要从南宁开车到北海,开车前自己检查了轮胎,发现轮胎不太正常,于是就到4S店进行检查,维修服务顾问孙杨接待了他,在检查中,维修人员发现轮胎确实有问题,孙杨应如何向张先生说明情况?

任务分解:
(1)分组讨论、设计孙杨与张女士之间的谈话。
(2)将对话设计写在下面:

(3) 明确组员角色与任务分工。

角 色	任 务	分工方案1	分工方案2	分工方案3
孙杨	扮演角色			
张女士	扮演角色			
记录员1	跟踪记录场景展示过程并点评			
记录员2	跟踪记录场景展示过程并点评			
摄像员	拍摄图片、视频			
观察员	观察组员并作点评			

(4) 各小组选出本组最佳"孙杨与客户",代表本组展示对话情景,接受各组检阅。

(5) 各组推举出本次任务中表现最佳的"王芳与客户",并阐述推举理由。

推举理由:_____

五、任务评价

项 目	评 价 内 容	个人评价 (符合评价内容打"√")	小组评价 (符合评价内容打"√")
专业能力评价	语音清晰,能让人听得清楚		
	语调饱满,能让人听出语气的变化		
	语速适中,能控制节奏的快慢		
	停连得当,能用流利的语言进行表达		
	能运用肢体语言进行表达		
专业能力评价等级(5、4个"√"—A,3、2个"√"—B,1、0个"√"—C)			

续上表

项　目	评 价 内 容	个人评价 (符合评价内容打"✓")	小组评价 (符合评价内容打"✓")
关键能力 评价	能遵守纪律,服从安排		
	能配合小组进行讨论学习		
	能完成对话设计		
	能主动扮演角色或担负任务		
	能在对话设计或展示中有所创新		
	能在学习、展示中找到乐趣		
	能维护活动场所的干净整洁		
	具备安全意识		
关键能力评价等级(8、7、6个"✓"—A,5、4、3个 "✓"—B,2、1、0个"✓"—C)			
个人成长 评价	1.在本次任务完成的过程中,我的优点是:_____ _____ 2.在本次任务完成的过程中,我取得的进步有:_____ _____ 3.在本任务学习中,我遇到的困难是:_____ _____ 4.下一阶段我的目标是:_____		

六、任务拓展

(一)绕口令练习

(1)扁担长,板凳宽,板凳没有扁担长,扁担没有板凳宽。扁担要绑在板凳上,板凳偏不让扁担绑在板凳上。

(2)九月九,九个酒迷喝醉酒。九个酒杯九杯酒,九个酒迷喝九口。喝罢九口酒,又倒九杯酒。九个酒迷端起酒,"咕咚、咕咚"又九口。九杯酒,酒九口,喝罢九个酒迷醉了酒。

(3)南边来个老爷子,手里拿碟子,碟子里装茄子,一下碰上了橛子。打了碟子,撒了茄子,摔坏了老爷子。

(4)北京有天安门、地安门、和平门、宣武门、东便门、西便门、东直门、西直门、广安门、复兴门、阜成门、德胜门、安定门、朝阳门、建国门、崇文门、广渠门、永定门。主要繁华商业区有:天桥、珠市口、前门、大栅栏、王府井、东单、西单、东四、西四、鼓楼前。还有那北海、颐和园、天坛、动物园、陶然亭、紫竹院、中山公园、文化宫。香山碧云寺、西山八大处。看看周口店的古猿人,十三陵的地下宫殿,长城八达岭、密云大水库、故宫博物院、再看,雍和宫、白塔寺、清真寺、大钟寺。瞧瞧世界上最大的钟,净重42.5吨。再看所有罗汉都有位置,唯独济公没地方呆,在屋梁上趴着的罗汉堂。

(二)语言技能训练

一人比划一人猜

每个小组各自在纸上写下一个"人名"、一个"地名"、三个"成语",完成后交给教师,每组派2名代表,一人比划一人猜。要求:猜的人可以通过提问方式获取信息,比划的人不能说话,只能点头或摇头。

(三)话题训练

"如果我是一名汽车维修服务顾问",时间限定3分钟。

学习任务2 汽车配件订货采购

 学习过程

一、任务描述

人事部经理把孙杨调到了配件管理部门,专门负责汽车备件订货与采购,汽车备件订货是一项专业性很强的工作,货订得好坏直接影响到备件整体流程能否顺利进行。熟悉备件订货成单流程,包括库存补充件、客户预定件的订货程序,对备件供应商或汽车厂商备件部门进行跟踪以及在订货过程中的规范用语,是汽车配件销售人员必备的基本要求。除此之外,还需了解汽车备件采购商谈签订的术语和懂得一些假冒伪劣备件的特征,避免假冒伪劣备件的出现。

二、任务目标

完成此项任务后,你应当能:
(1)能够为顾客订货。
(2)能够解答顾客对伪劣备件的疑问。
(3)能够与顾客谈判采购要点。

三、任务准备

(1)活动场地准备:工作台及必要配置,如电脑、电话机、便笺纸、笔等。
(2)设施设备准备:顾客接待桌、普通话发音技巧的相关知识与音像、视听资料;接待人员仪容、仪表、仪态知识、汽车配件仓库订货采购流程的视频资料和部分汽车配件等。

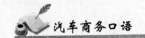

(3)学生课前准备:着装整齐、了解普通话的基本知识,了解礼仪动作规范。

四、任务实施

(一)词

任务:

(1)请给加点的词注音。

(2)请准确读出以下词语的读音。

资料:

声母	唇音:b p m f	发货 品种 包装 批量 费用 保退 保修 假冒 罚金 方式
	舌尖中音:d t n l	订单 订金 到货 领料 特别 地点 退货 付款 拟定
	舌根音:g k h	供应 规格 合同 保换 客户 库存 出库 反馈 合格
	舌面音:j q x	型号 现货 交货 价格 期限 现金 支取 良性 期货 结算
	舌尖后音:zh ch sh r	时间 数量 质量 折扣 收发 程序 凭证 收讫 转账 纯正
	舌尖前音:z c s	总量 仓库 采购 电子 易损 促销 仿造 资金 利息 满足
韵母	开口呼:-i(前) -i(后) a o e er ai ei ao ou an en ang eng	承付 担保 延期 厂商 验收 使用 售方 购方 商谈 看板
	齐齿呼:i ia ie iao iou ian in iang ing	发票 签订 伪劣 商标 备件 编号 有效 标签 标准 保险 销售 报表
	合口呼:u ua uo uai uei uan uen uang ueng ong	托收 说明 缺货 供应 储备 脱节 核算 统计 常用 替换
	撮口呼:ü üe üan ün iong	许可 运输 预计 手续 违约 流失率 缺件 查询 趋势

(二)句

任务:

请你结合礼仪知识,配合礼仪动作、肢体语言,自然流畅地朗读句子。

资料：

	术　　语
订货	1. 请问昨天采购的火花塞什么时候能到货呢？ 2. 您好，是零部件业务员小孙吗？今天黄师傅在给客户维修车辆时发现火花塞没有库存了，我已写好采购订单给您确认签字以便尽快采购。 3. 我想订1000个火花塞，能订得到吗？  
确定	4. 您好，小张，火花塞明天早上就能到货了。 5. 您好，王女士，这是您订的配件清单，上面已写有配件名称、数量和单价，总共3000元，请您过目，如果没有问题的话，就请在清单上签名确认，谢谢。 6. 王女士，1000个火花塞是有的，可以订到货。  
提醒	7. 您需要更换的火花塞明天就能到货了，请问明天您有空来一趟吗？ 8. 您好，王女士，您订的货将会在后天早上，即周四早上到，请问您周四早上能到店里更换吗？ 9. 上次跟您约周四早上到店里更换配件，没见您来，所以想问问您什么时候有空过来？  

续上表

	术　语
解释 (假冒伪劣)	10. 王先生,您别着急,我给您说明下纯正件与假冒件的特征,您对照一下。 11. 燃油滤清器纯正件特征:材料及工艺考究,滤纸质感好,粗细均匀,有橡胶密封条。能有效过滤汽油中可能存在的杂质颗粒,与燃油管匹配。 12. 燃油滤清器假冒件特征:构造粗糙,滤纸低劣,疏密不匀,无橡胶密封条。过滤效果差,与燃油管的匹配精度低。 13. 制动片纯正件特征:正规厂家生产的制动片,包装印刷比较清晰,上有许可证号,还有指定摩擦系数、执行标准等。而包装盒内则有合格证、生产批号、生产日期等。采用先进材料制作而成,可最大限度地降低制动盘的磨损和热损,制动性能稳定可靠保证车辆能安全、精准停车。 14. 制动片假冒件特征:厚度及形状通常与真品不一致,材质手感粗糙,噪声和振动大,制动性能不稳定。 15. 假冒气滤过滤效果差,可能会引起汽油泵及喷油嘴等部件的过早损坏,导致发动机出现工况不良、动力不足及油耗增加等情况。 16. 使用假冒制动片,可能引起制动力不足或制动失灵等情况发生,导致车辆不能正常制动,危害安全行车。 17. 若有问题的话,我们随时都可以帮您更换的。
采购	18. 好的,我帮您看看能不能马上订到货,您稍等。 19. 4天后能到货,再寄去北京的话,应该要8天时间能收到。 20. 价格总共是60000元,需先付30%的订金,即18000元。 包装是用新牛皮纸袋装,每袋20kg;或用木箱装,每箱为50kg,予以免费包装。
感谢	21. 好的,我会跟进这个事情,谢谢。 22. 好的,恭候您的光临,谢谢。

(三) 篇

任务:

(1) 朗读客户预订件订单的相关术语。

(2) 朗读客户未按时取件的相关术语。

(3) 朗读为顾客解释假冒伪劣汽车备件的危害与真伪备件特征的术语。

(4) 请两人一组,用一问一答形式进行复述采购术语。

资料:

(1) 客户预订件相关术语

前台人员:"您好,是零部件业务员小孙吗?今天黄师傅在给客户维修车辆时发现火花塞没有库存了,我已写好采购订单给您确认签字以便尽快采购。"

孙杨:"好的,我会跟进这个事情,谢谢。"

(第二天)

前台人员:"您好,小孙,我是前台张玲,请问昨天采购的火花塞什么时候能到货呢?"

孙杨:"您好,小张,火花塞明天早上就能到货了。"

前台人员:"好的,那我跟顾客说一下。"

前台人员:"您好,请问是王女士吗?我是北京现代4S店的小张。"

王女士:"您好。"

前台人员:"您需要更换的火花塞明天就能到货了,请问明天您有空来一趟吗?"

王女士:"太好了,明天什么时候能把车修好?"

前台人员:"明天中午能修好了。"

王女士:"好,那下午4点钟我过去取车好吗?"

前台人员:"好的,恭候您的光临,再见。"

(2) 客户未按时取件的相关术语

孙杨:"您好,王女士,这是您订的配件清单,上面已写有配件名称、数量和单价,总共3000元,请您过目,如果没有问题的话,就请在清单上签名确认,谢谢。"

王女士:"嗯,好的,数量、名称都没问题,就按这张单订货吧。"

孙杨:"好的,到货了我会立刻通知您。"

(第二天)

孙杨:"您好,王女士,您订的货将会在后天早上,即是周四早上到,请问您周四早上能到店里更换吗?"

王女士:"可以的。"

孙杨:"好的,恭候您的光临,谢谢。"

(周四早上)

孙杨:"您好,请问是王女士吗?我是北京现代4S店的小孙。"

王女士:"你好。"

孙杨:"上次跟您约周四早上到店里更换配件,没见您来,所以想问问您什么时候有空过来?"

王女士:"哦,不好意思,上次突然出差就没有过去,周六下午可以吗?"

孙杨:"嗯,好的,周六下午,恭候您的光临。"

王女士:"好,谢谢,再见。"

孙杨:"不客气,再见。"

（3）为顾客解释假冒伪劣汽车备件的危害与真伪备件特征

王女士："您好,请问是孙杨吗?"

孙杨："您好,王女士,我是孙杨,请问有什么需要帮忙的吗?"

王女士："上次我订的那批配件,其中燃油滤清器和制动片我觉得跟以往订的有些不一样,是不是有什么问题,是不是假的?"

孙杨："王女士,您别着急,我给您说明下纯正件与假冒件的特征,您对照一下。"

王女士："好的。"

孙杨："先说燃油滤清器,纯正件特征:材料及工艺考究,滤纸质感好,粗细均匀,有橡胶密封条。能有效过滤汽油中可能存在的杂质颗粒,与燃油管匹配。假冒件特征:构造粗糙,滤纸低劣,疏密不匀,无橡胶密封条。过滤效果差,与燃油管的匹配精度低。"

王女士："哦,那我回去对照一下,要是假的,装上去会有什么危害吗?"

孙杨："假冒气滤过滤效果差,可能会引起汽油泵及喷油嘴等部件的过早损坏,导致发动机出现工况不良、动力不足及油耗增加等情况。"

孙杨："再说制动片,纯正件特征:正规厂家生产的制动片,包装印刷比较清晰,上有许可证号,还有指定摩擦系数、执行标准等。而包装盒内则有合格证、生产批号、生产日期等。采用先进材料制作而成,可最大限度地降低制动盘的磨损和热损,制动性能稳定可靠保证车辆能安全、精准停车。假冒件特征:厚度及形状通常与真品不一致,材质手感粗糙,噪声和振动大,制动性能不稳定。"

王女士："哦,那有什么危害吗?"

孙杨："使用假冒制动片,可能引起制动力不足或制动失灵等情况发生,导致车辆不能正常制动,危害安全行车。"

王女士："哦,好吧,我先回去对照一下。"

孙杨："好的,若有问题的话,我们随时都可以帮您更换的。"

王女士："好,谢谢啊!"

孙杨："不客气,再见。"

（4）配件采购的术语

孙杨："早上好,我是北京现代4S店的配件订货员孙杨。"

王女士："你好,小孙,我是王女士。"

孙杨："您好,王女士,请问有什么可以帮助您的吗?"

王女士："是这样的,我想订1000个火花塞,帮我寄给北京的分店。"

孙杨："好的,我帮您看看能不能马上订到货,您稍等。"

王女士："好的,谢谢。"

孙杨："王女士,1000个火花塞是有的,可以订到货。"

王女士："那大概什么时候能到货?"

孙杨："4天后能到货,再寄到北京的话,应该要8天时间能收到。"

王女士："那价格呢? 需要付多少订金?"

孙杨:"60000元,需先付30%的订金,即是18000元。"

王女士:"那我下午到银行转账给你们公司。那包装是怎么样的?"

孙杨:"好的,我会跟财务说明。请您放心,我们是用木箱装的,每箱为50kg。"

王女士:"那要是有破损的,怎么处理?"

孙杨:"若是发现这问题,请您马上联系我,我会尽快为您处理并及时更换,到货后我也会电话回访您,以便跟踪这批货是否有无问题。"

王女士:"好的,那我下午转账后就帮我订货吧。"

孙杨:"好的,请您放心,收到订金我会回复您的。"

王女士:"好,谢谢。"

孙杨:"不客气。"

(四)景

任务:

(1)设计前台人员与客户之间的对话。

(2)设计订货员与客户之间的对话。

(3)结合礼仪接待规范进行现场展示。

资料: 最近王女士总觉得汽车启动加速时有异响,且动力不足,于是他到店里检查,维修师傅发现燃油滤清器是假冒伪劣产品,引起喷油嘴损坏而导致发动机出现工况不良、动力不足的情况,建议王女士更换燃油滤清器和喷油嘴,但是店里正好喷油嘴无库存了,需要订货。请根据情景设计维修接待和订货术语,并结合礼仪接待规范进行现场展示。

任务分解:

(1)分组讨论,设计前台人员与王女士、前台人员与孙杨的对话。

(2)将对话设计写在下面。

_____
_____
_____
_____
_____
_____
_____
_____
_____

(3)明确组员角色与任务分工。

角 色	任 务	分工方案1	分工方案2	分工方案3
孙杨	扮演角色			
前台人员	扮演角色			
王女士	扮演角色			
记录员1	跟踪记录场景展示过程并点评			
记录员2	跟踪记录场景展示过程并点评			
摄像员	拍摄图片、视频			
观察员	观察组员并作点评			

孙杨、维修服务顾问与客户扮演者配合完成服务对话情景展示;两名记录人员,对展示过程全程跟踪记录;1名摄像人员,在展示过程中进行图片拍摄记录;1名观察员负责撰写本小组的工作总结,评价组员的工作表现。各组员角色分配及任务分工轮换进行,确保每位组员有机会完成相应的角色展示。

(4)各小组选出本组最佳"孙杨、前台人员与客户",代表本组展示对话情景,接受各组检阅。

(5)各组推举出本次任务中表现最佳的"孙杨、前台人员与客户",并阐述推举理由。

推举理由:_____

_____

_____

_____

_____

_____

_____

五、任务评价

项 目	评 价 内 容	个人评价 (符合评价内容打"√")	小组评价 (符合评价内容打"√")
专业能力 评价	语音清晰,能让人听得清楚		
	语调饱满,能让人听出语气的变化		
	语速适中,能控制节奏的快慢		
	停连得当,能用流利的语言进行表达		
	能运用肢体语言进行表达		
专业能力评价等级(5、4个"√"—A,3、2个"√"—B,1、0个"√"—C)			

续上表

项 目	评 价 内 容	个人评价 (符合评价内容打"√")	小组评价 (符合评价内容打"√")
关键能力 评价	能遵守纪律,服从安排		
	能配合小组进行讨论学习		
	能完成对话设计		
	能主动扮演角色或担负任务		
	能在对话设计或展示中有所创新		
	能在学习、展示中找到乐趣		
	能维护活动场所的干净整洁		
	具备安全意识		
关键能力评价等级(8、7、6个"√"—A,5、4、3个"√"—B,2、1、0个"√"—C)			
个人成长 评价	1.在本次任务完成的过程中,我的优点是:_____ _____ 2.在本次任务完成的过程中,我取得的进步有:_____ _____ 3.在本任务学习中,我遇到的困难是:_____ _____ 4.下一阶段我的目标是:_____ _____		

六、任务拓展

(一)绕口令练习

(1)你会炖炖冻豆腐,你来炖我的炖冻豆腐;你不会炖炖冻豆腐,别胡炖乱炖炖坏了我的炖冻豆腐。

(2)老罗拉了一车梨,老李拉了一车栗。老罗人称大力罗,老李人称李大力。老罗拉梨做梨酒,老李拉栗去换梨。

(3)有个面铺门朝南,门上挂着蓝布棉门帘,摘了蓝布棉门帘,面铺门朝南;挂上蓝布棉门帘,面铺还是门朝南。

(4)闲来没事出城西,树木椰林数不齐,一二三四五六七,七六五四三二一,六五四三二一,五四三二一,四三二一,三二一,二一,一个一,数了半天一棵树,一棵树长了七个枝,七个枝结了七样果,结的是:槟子、橙子、橘子、柿子、李子、栗子、梨!

（二）语言技能训练

正话反说

事先准备好一些词语，每组选出两名代表参加，教师说出一个词语，让参加的学生反着说一遍，如"您好"，反着说"好您"。第一轮从两个字开始，第二轮三个字，第三轮四个字，说错的立即被淘汰，看看最后谁最厉害。

（三）话题训练

"我想从事的职业"，时间限定3分钟。

学习任务3　汽车配件的仓库管理

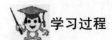学习过程

一、任务描述

为了顺利地进行仓库作业活动，使人、设备和物资三要素很好地协调配合，消灭浪费，防止由于不量力而行和不平衡造成失误而进行的一系列管理活动，称作仓库作业管理。王芳是汽车配件销售企业的仓管员，她的工作就是围绕着汽车配件的入库、保管、维护和出库为中心所开展的一系列活动，具体包括汽车配件的入库验收、保管、维护、发货、账册、单据与统计管理等工作。除了做好以上的工作，她还要掌握与仓库内外人员沟通的基本语言与礼仪，才能更好地开展工作并顺利完成。

二、任务目标

完成此项任务后，你应当能：
(1)能够与送货员进行入库验收的对话。
(2)能够为顾客解释呆滞备件的处理。
(3)能够顾客说明汽车备件存储的措施。

三、任务准备

(1)活动场地准备：工作台及必要配置，如电脑、电话机、便笺纸、笔等。
(2)设施设备准备：顾客接待桌、普通话发音技巧的相关知识与音像、视听资料；接待人员仪容、仪表、仪态知识、仓库出入库流程、验收流程的视频资料等。
(3)学生课前准备：着装整齐、了解普通话的基本知识，了解礼仪动作规范。

四、任务实施

（一）词

任务：
(1)请给加点的词注音。

(2)请准确读出以下词语的读音。

资料:

声母	唇音:b p m f	调拨单 霉变 腐败 防潮 严密 盘点 排列 磅码单 编码 报表 码头 标志 相符 搬运
	舌尖中音:d t n l	特点 体积 保留 提货 产地 整顿 流通 单证 浪费 温度 登账 堆高机
	舌根音:g k h	核对 归档 高温 捆扎 提货 调换 理货 货架 损耗 划分 在库 停留
	舌面音:j q x	检验 建卡 销售 性能 纤维 板箱 打包机 属性 等级 整齐 积压 周期 吸潮
	舌尖后音:zh ch sh r	入库 验收 立账 潮湿 照射 叉车 储存 成本 苫垫 湿度 冲账 陈列 倒置 滞销
	舌尖前音:z c s	损坏 清仓 清扫 残损单 配送 配载 物资 损失 易碎品 无单进仓
韵母	开口呼:-i(前) -i(后) a o e er ai ei ao ou an en ang eng	渗漏 虫蛀 过磅 称重 位置 入库单 杆秤 货棚 拆换 通风 防尘 氧化 账页 单价 开箱 妥善
	齐齿呼:i ia ie iao iou ian in iang ing	收料单 变色 堆码 拼箱 丢失 型号 重量 装箱单 清洁 盘亏 盘盈 加工 凭证 生锈
	合口呼:u ua uo uai uei uan uen uang ueng ong	保管 装卸 形状 货位 退货单 垛堆 托盘 状态 货垛 周转箱
	撮口呼:ü üe üan ün iong	绝对湿度 有序 龟裂

(二)句

任务:

(1)请朗读以下句子。
(2)分小组练习,并复述以下每个词汇的意思。

资料:

词 汇	名 词 解 释
入库验收	是配件进入仓库保管的准备阶段。包括数量和质量两个方面的验收。

续上表

词汇	名词解释
入库搬运	包括备件在仓库设施内的所有移动。
货位	指仓库中备件存放的具体位置闷在库区中按地点和功能进行划分,来存放不同类别的货物。
堆码	将备件整齐、规则地摆放成货垛的作业过程。
登账	仓库对每一种规格及不同质量(级别)的产品都必须建立收、发、存明细账,以及时反映产品存储动态。登账时必须要以正式的收发凭证为依据。
立卡	料卡是一种活动的实物标签,反映库存产品的名称、规格、型号、级别、储备定额和实存数量。一般料卡直接挂在货位上。货物入库或上架后,将货物名称、规格、数量等内容填在料卡上称为立卡。
建档	历年的产品技术资料及出入库有关资料应存入产品档案,以便查询,积累产品报告经验。产品档案应一物一档,统一编号,做到账、卡、物三者相符,以便查询。

续上表

词汇	名词解释
仓库密封	仓库密封就是把整库、整垛或整件商品尽可能地密封起来,减少外界不良气候条件对其影响,以达到商品安全储存的目的。
通风	就是利用库内外空气温度不同而形成的气压差,使库内外空气形成对流,来达到调节库内温湿度的目的。
吸潮	吸潮是与密封配合,用以降低库内空气湿度的一种有效方法。在梅雨季节或阴雨天,当库内湿度过大,又无适当通风时机的情况下,在密封库里常采用吸潮的办法,以降低库内的湿度,常采用吸潮剂或去湿机吸潮。
绝对湿度	是指空气中实际所含的水蒸气,即按每立方米空气中所含水蒸气的质量表示,其计量单位是克/立方米。
饱和湿度	是指空气中所含有饱和点的水蒸气,水蒸气超过饱和点时变成水珠落下,这时的空气湿度,叫饱和湿度。
相对湿度	是指空气中所含的水蒸气距离饱和水蒸气含量的程度。
先进先出	保管员一定坚持"先进先出、出陈储新"的原则,以免造成配件积压时间过长而变质报废。因为汽车更新换代很快,配件制造工艺也在不断地更新,如果积压时间过长,很可能因为淘汰老、旧产品而报废。
日常盘点	在不同的品牌备件部门也称为动态盘点或是永续盘点,主要是针对每天出库入库的备件进行盘点,核实账物是否相符,优点是能够及时发现问题,并进行相应的更正。
定期盘点	也称为实地盘点或者月盘,进行定期盘点的时间间隔由各备件部门根据自身的情况确定。定期盘点的作用是进行所有类别备件的数量盘点,并进行备件质量检查与修整,及时处理呆滞备件,并核对账与实物,核对账与账。

续上表

词汇	名词解释
盘亏	仓库实际库存备件种类、数量少于账面备件记录数量。
盘盈	仓库实际库存备件种类、数量多于账面备件记录数量。
呆滞备件	备件仓储的部分备件当其库存时间超过一定时间而未能销售出库时,这类备件称为呆滞备件。呆滞备件的出现是不可避免的,但过量的呆滞备件会造成备件部门资金积压,更严重的是备件无法出库就不能收回资金。

(三)篇

任务:

(1)一人扮演仓管员王芳,一人扮演信息员,一人扮演操作员,一人扮演送货员,一人扮演发货员,进行对话模拟练习。

(2)请说出呆滞备件主要有哪些处理方案?

(3)请用简单易懂的语言说说汽车备件的存储措施。

资料:

(1)配件入库及验收术语

①货物没有问题时,正常入库。

送货员:"您好,这是从广州运来的一批汽车零部件,请看配送单。"

王芳:"好的,我先验收。"

王芳:"数量、名称、单价都没有问题,可以入库了。"

送货员:"没有问题的话,请在配送单上签字确认。"

王芳:"好的。"

(验收完毕)

王芳:"信息员小陈,有一批从广州运来的汽车零部件入库,共18箱,请录入系统,打印入库单。"

信息员:"好的。"

②在验收大件时,发现少件或者多出的件,应及时与有关负责部门和人员联系,在得到他们同意后,方可按实收数签收入库。

王芳:"您好,我是南宁北京现代4S店仓库管理员小王,我刚验收了你们发来的这批汽车零部件,发现送来的箱数与订货单不符,应发18箱,现少发了3箱。"

发货员:"您好,请您稍等,我查一下。"

发货员:"小王,不好意思,我们确实是少发了3箱,您先签收15箱,我明天再给您补发3箱好吗?"

王芳:"好吧,请您尽快发来,我先入库15箱。"

③凡是质量有问题,或者品名、规格出错,证件不全,包装不合乎保管、运输要求的,一律不能入库,应将其退回有关部门处理。

王芳:"您好,我是南宁北京现代4S店仓库管理员小王,我刚验收了你们发来的这批汽车零部件,发现其中有5个制动片质量有问题,厚度和形状与往常的不太一致,其余的货物没有问题可正常入库。"

发货员:"您好,这个问题我们需要重新检验才能给您答复,您把这5个制动片发回来好吗?"

王芳:"好的,那我先签收其他的货物。若是真有问题,请您再及时补发回来给我好吗?"

发货员:"好的。"

(2)出库术语

王芳:"信息员小陈,柳州4S店要调我们的500个燃油滤清器、200个火花塞过去,且较紧急,请录入系统,打印出库单。"

信息员:"好的,马上去办。"

王芳:"操作员小李,请按这个出库单上的配件拣选出来,先拣批次比较早的货物,用纸箱包装好,放到发货待运区,待会我去复查审核。"

操作员:"好的。"

(3)呆滞备件的处理

对呆滞备件的处理原则主要是尽量减少因呆滞备件的过量出现而给企业带来经济的损失,在选择处理方式时应优先采用折价销售向其他商家出售的方式。

①汇报财务进行报废处理,对于一些存储时间长影响其使用性能的备件,申请报废处理。

②低价或打折处理给其他同品牌的备件经销商或是一些修理厂。

③与车间做好沟通。遇到事故车有需求时,优先选用。

④跟前台和车间的人员沟通好,及时向他们反馈呆滞件的品种,当特约服务店搞活动时,尽量打折销售呆滞备件。

⑤与其他网点或二级网点沟通好,有需要时可进行调货,也可打折处理给其他店。

(4)汽车备件存储措施

所有汽车备件都应存储在仓库或有遮盖的干燥场地内,无有害气体侵蚀和影响,且通风良好,不得与化学性、酸碱性备件一起存放。仓库保持相对湿度不超过75%,温度在20~30℃之间。对于橡胶产品,特别是火补胶,则须在能够保持环境温度不超过25℃的仓库内存放,以防止老化,保证安全。

对于电器备件、橡胶制品备件、玻璃制品备件,由于这些备件自重小,属于轻泡产品,不能碰撞和重压,否则将会使这些备件产品工作性能失准、变形甚至破裂,应该设立专仓存储,而且在堆垛时应十分注意安全。

对于蓄电池的存储,应该避免重叠过多和碰撞,防止电极和蓄电池因重压受损,而且应注意加注电解液塞孔的密封,防止潮湿空气侵入。至于电极的存储,则应保持仓库干燥,存储期一般为6个月并严格控制。

对于易吸潮生锈的备件,除应保持仓库地面干燥外,还应在备件堆垛的底层设置离地至少有15cm空隙的架空地板,使空气得以流通。必要时,还应在地面放置少量生石灰或在堆垛的适当位置放置氯化钙、氯化锂等吸潮剂。生石灰使用后应及时移去或更新。

(四)景

任务:

(1)设计仓管员、信息员、操作员三者之间入库的对话。

(2)仓管员与供应商之间的对话。

(3)运用服务口语与普通话表达技巧,结合服务礼仪完成入库任务。

资料:

2013年8月28日,南宁大众配件公司将一批配件送到万兴配件库门前,万兴公司的仓管员王芳进行配件清点工作,并安排配件入库,验收配件时发现入库单上的转向横拉杆少了5个,而且有3个生锈,于是他告知南宁大众配件公司这个情况。请根据情景设计入库术语,并结合礼仪接待规范进行现场展示。入库通知单如下:

入 库 通 知 单						
日期	2013年8月28日					
客户	南宁大众配件公司					
序号	货品名称	编号	单位	数量	单价(元)	金额
1	油底壳	038103601LA	个	50	80	4000
2	轮胎	888 905 744	个	25	200	5000
3	离合器踏板	1J1721321C	个	80	50	4000
4	转向横拉杆	191419803	个	30	150	4500
合计金额大写	壹万柒仟伍佰元整					

任务分解:

(1)分组讨论、设计王芳与信息员、操作员、供应商之间的谈话。

(2)将对话设计写在下面。

（3）明确组员角色与任务分工。

角 色	任 务	分工方案1	分工方案2	分工方案3
王芳	扮演角色			
信息员	扮演角色			
操作员	扮演角色			
发货员	扮演角色			
送货员	扮演角色			
摄像员	拍摄图片、视频			
观察员	观察组员并作点评			

（4）各小组选出本组最佳"王芳、信息员、操作员与供应商"，代表本组展示对话情景，接受各组检阅。

（5）各组推举出本次任务中表现最佳的"王芳、信息员、操作员与供应商"，并阐述推举理由。

推举理由：_____

_____

_____

五、任务评价

项 目	评 价 内 容	个人评价 (符合评价内容打"√")	小组评价 (符合评价内容打"√")
专业能力 评价	语音清晰，能让人听得清楚		
	语调饱满，能让人听出语气的变化		
	语速适中，能控制节奏的快慢		
	停连得当，能用流利的语言进行表达		
	能运用肢体语言进行表达		
专业能力评价等级(5、4个"√"—A，3、2个"√"—B，1、0个"√"—C)			
关键能力 评价	能遵守纪律，服从安排		
	能配合小组进行讨论学习		
	能完成对话设计		
	能主动扮演角色或担负任务		

续上表

项 目	评 价 内 容	个人评价 （符合评价内容打"√"）	小组评价 （符合评价内容打"√"）
关键能力 评价	能在对话设计或展示中有所创新		
	能在学习、展示中找到乐趣		
	能维护活动场所的干净整洁		
	具备安全意识		
关键能力评价等级（8、7、6个"√"—A，5、4、3个"√"—B，2、1、0个"√"—C）			
个人成长 评价	1. 在本次任务完成的过程中，我的优点是：_____ _____ 2. 在本次任务完成的过程中，我取得的进步有：_____ _____ 3. 在本任务学习中，我遇到的困难是：_____ _____ 4. 下一阶段我的目标是：_____ _____		

六、任务拓展

(一) 绕口令练习

（1）磨坊磨墨,墨碎磨坊一磨墨;梅香添煤,煤爆梅香两眉灰。

（2）你也勤来我也勤,生产同心土变金。工人农民亲兄弟,心心相印团结紧。

（3）师部司令部指示:四团十连石连长带四十人在十日四时四十四分按时到达师部司令部,师长召开誓师大会。

（4）一班有个黄贺,二班有个王克,黄贺、王克二人搞创作,黄贺搞木刻,王克写诗歌。黄贺帮助王克写诗歌,王克帮助黄贺搞木刻。由于二人搞协作,黄贺完成了木刻,王克写好了诗歌。

(二) 语言技能训练

巧用标点

有位书生到亲戚家串门,顷刻见下起大雨,这天已晚,他打算住下来,但是亲戚不乐意,于是在纸上写了一句话:下雨天留客天留人不留。书生看了,即刻明白亲戚的意思,却又不好明说,干脆加了几个标点。亲戚看后无话可说,只好让书生留下,你知道书生是怎么标注标点的吗? 此外还有三种标法,可以让这个句子变为陈述、疑问、问答三种句式,请你也试试,并请大声读出来。

(三)话题训练

"如何做好仓库管理?",时间限定 3 分钟。

学习任务 4　汽车配件销售

 学习过程

一、任务描述

孙杨最后又调到配件销售部负责汽车配件销售,作为一个汽车配件销售人员,要懂得揣摩用户心理,判断用户购买动机,为用户当好参谋,要灵活运用柜台语言艺术,要根据用户的不同要求,提供各种形式的服务。刘武刚刚接触,对如何销售不太熟悉,而且公司给他定了月任务量,要完成任务量才能拿到销售提成,他为了完成,不断努力练习汽车配件销售话术以及接待礼仪服务用语,在销售中能正确规范的与客户交流。

二、任务目标

完成此项任务后,你应当能:
(1)能够接待顾客。
(2)能够为顾客销售汽车配件并推销相关产品。
(3)能够与客户领料并结算。

三、任务准备

(1)活动场地准备:工作台及必要配置,如电脑、电话机、便笺纸、笔等。
(2)设施设备准备:顾客接待桌、普通话发音技巧的相关知识与音像、视听资料;接待人员仪容、仪表、仪态知识、汽车配件销售对话视频资料、部分汽车配件等。
(3)学生课前准备:着装整齐、了解普通话的基本知识,了解礼仪动作规范。

四、任务实施

(一)词

任务:
(1)请给加点的词注音。
(2)请准确读出以下词语的读音。

资料:

声母	唇音:b p m f	汽缸体附件　摇臂轴　飞轮　喷油器　出油阀偶件　分电器总成　半轴　明码标价　保本　薄利多销　帮助　发动机机油

续上表

声母	舌尖中音：d t n l	汽缸套 连杆 螺母 气门导管 气门弹簧 电流表 低压线 正时齿轮 压力调节器 踏板拉杆 内胎 领料 费用分担 蓄电池 制动片
	舌根音：g k h	汽缸盖 高压线 差速器壳 优惠 柜台陈列 护理 信函 亏本 火花塞 维护
	舌面音：j q x	汽缸盖附件 活塞销 气门 万向节 花键轴 销售 架顶陈列 倾销 联系地址 亲自试用 保修年限
	舌尖后音：zh ch sh r	连杆轴承 输油泵总成 水泵 分离叉 从动锥齿轮 十字轴 制动气室 承包责任制 美容清洗剂 展示 畅销品 滞销 直销 充足供应 示范 承保范围
	舌尖前音：z c s	飞轮总成 车速表 三元催化装置 散热器 电热塞 从动盘总成 仓库收发员 走访 暂时
韵母	开口呼：-i(前) -i(后) a o e er ai ei ao ou an en ang eng	汽缸体 摇臂 汽油泵膜片 电动汽油泵 喷油泵柱塞偶件 喷油器 分离杠杆 分离轴承 半轴套管 轮辋 样本 邀请 用户档案 制动液
	齐齿呼：i ia ie iao iou ian in iang ing	空气流量传感器 节温器 行星齿轮 调整垫片 止回阀 零售 物价 加价 车型 开票 陈列 平地陈列 保修
	合口呼：u ua uo uai uei uan uen uang ueng ong	连杆螺栓 凸轮轴轴承 化油器 汽油软管 复位弹簧凸缘叉 滑动叉 转向蜗杆 储气筒 安全阀 服务站 大用户 专卖店 目录 橱窗陈列 壁挂陈列 退换 制动管
	撮口呼：ü üe üan ün iong	曲轴轴承 选购 全损耗系统用油 查询 空气滤清器机油滤清器

（二）句

任务：

请你结合礼仪知识，配合礼仪动作、肢体语言，自然流畅地说出以下术语。

资料：

易损件的使用期限	1. 蓄电池:3 年或 30000km 左右,经常停驶的车辆需将间隔缩短。因为蓄电池经常处于放电状态,不补充新电量。 2. 空气滤清器:40000km,在灰尘较多区域行驶的汽车间隔时间应适当缩短。 3. 火花塞:15000km,长效火花塞使用寿命为 30000km。保养时应清除火花塞积炭。 4. 发动机机油:半年或者 10000km 更换一回。 5. 制动液:2 年(第一次 3 年),只有第一次定期维护时隔 3 年,此后每隔 2 年定期维护时更换。制动液需经常检查、补充。 6. 机油滤清器:2 年或者 30000km,一般按照换机油两次其中一次的比率进行。 7. 制动管:4 年(第一次 5 年),按照两次定期维护其中一次更换的比率进行。 8. 制动片:4 年(第一次 5 年),根据驾驶方法不同而调整,经常跑山地的车,应将更换时间适当缩短。 9. 汽油软管:8 万 km,主要是冲洗、放出沉淀物。 10. 差速器油:6 万 km 或 3 年,APIGl4 或 GL—5 新车需在第一次换油时更换。
询问客户用语	11. 先生(小姐),您想看看××(顾客所凝视的商品)吗? 12. 请问您需要什么帮助? 13. 请问您是要更换什么配件? 14. 我帮您查询销售记录,看是否有这一型号的××? 15. 您要找的配件在××区,请往这边走。
顾客挑选商品招呼用语	16. 先生,您需要哪一种配件,我帮您拿。 17. 别着急,您慢慢挑选。 18. 这种型号合适吗?我再给您拿其他厂家的,您看怎样? 19. 这种商品在质量上绝对没问题,我们实行三包,如果质量上出了问题,可以来换。

续上表

商品无货时用语	20. 对不起,您问的型号我们刚卖完,要过几天才到货,您急不急着要？ 21. 这个型号过两天才会有,请您抽空来看看。 22. 这种型号暂时缺货,请留下姓名及联系地址或电话,一有货马上通知您,好吗？ 23. 请您看看另一种型号的配件,他们是可以互换、通用的。  
客户领料	24. 我已经把领料单给仓库收发员了,请您稍等。 25. 仓库收发员正按照您的领料单领料,请稍等片刻。  
客户结算	26. 您这次在本店消费了××元,请您过目清单,若没有问题,请到结算部付款。 27. 请问您是用什么方式付款？现金还是转账？ 28. 请您付款后把付款凭证交给我以便存档。  
退换货行为用语	29. 对不起,又让您跑一趟。 30. 很对不起,由于我们工作的疏忽给您添麻烦了。

（三）篇

任务：

一个人扮演配件销售人员,一个人扮演客户进行对话模拟练习。

资料：

（1）询问顾客的需求

刘武："早上好，欢迎光临万豪汽车配件专卖店。"

顾客："早上好。"

刘武："先生，您要看些什么？"

顾客："有制动片吗？"

刘武："有的，先生，那边有几款不同型号的制动片，请随我来。"

（2）查询是否有货

刘武："先生，您是想看看××的制动片吗？"

顾客："是的。"

刘武："好的，我帮您查询销售记录，看还有没有这一型号的。"

顾客："好的，谢谢。"

刘武："对不起，先生，您问的型号我们刚卖完，要过几天才到货，您看您急不急着要？"

顾客："不急着。"

刘武："这个型号的暂时缺货，请留下姓名及联系地址或电话，一有货马上通知您好吗？"

顾客："好的，13498706743。"

刘武："那感谢您的光临。"

顾客："好的。"

刘武："谢谢，祝您工作愉快！"

顾客："再见！"

刘武："再见！"

（3）与客户领料并结算

刘武："先生，您好，您要的刹车片我已经把领料单交给仓库收发员了，请您稍等。"

顾客："好的。"

刘武："先生，这次在本店消费了200元，请您过目清单，若没有问题，请到结算部付款。"

顾客："好的。"

刘武："请您付款后把付款凭证交给我以便存档。"

顾客："好，知道了。"

刘武："这是您要的产品。"

顾客："好。"

刘武："非常感谢您，欢迎您再来！"

顾客："再见！"

刘武："再见！"

(4)向客户推销相关产品

刘武:"先生,您看您需要更换制动液吗?"

顾客:"好像没这个必要吧。"

刘武:"刹车液2年(第一次3年)就需要更换,只有第一次定期维护是3年,此后每隔2年定期维护时更换。刹车液是需经常检查和补充的。您说您的车已开了2年都没换过了,很容易损坏制动片。"

顾客:"嗯……好吧就换了吧。"

刘武:"那您看你想用哪个厂家的,我建议您用这个厂家的,很受欢迎,价格也不贵。"

顾客:"好的,就用这个。"

刘武:"这是您要的产品。"

顾客:"好。"

刘武:"非常感谢您,欢迎您再来!"

顾客:"再见!"

刘武:"再见!"

(四)景

任务:

(1)设计刘武与客户之间的对话。

(2)并结合礼仪接待规范进行现场展示。

资料:

黄先生到店里买蓄电池和机油,但他不知道买什么品牌的蓄电池比较好,刘武给他介绍了三个知名品牌的蓄电池,并且仓库都有货,而黄先生选定的机油暂时缺货。作为汽车配件销售人员请根据情景设计对话,并结合礼仪接待规范进行现场展示。

任务分解:

(1)分组讨论、设计刘武与黄先生之间的谈话。

(2)将对话设计写在下面。

(3) 明确组员角色与任务分工。

角　　色	任　　务	分工方案1	分工方案2	分工方案3
刘武	扮演角色			
黄先生	扮演角色			
记录员1	跟踪记录场景展示过程并点评			
记录员2	跟踪记录场景展示过程并点评			
摄像员	拍摄图片、视频			
观察员	观察组员并作点评			

(4) 各小组选出本组最佳"刘武与客户",代表本组展示对话情景,接受各组检阅。

(5) 各组推举出本次任务中表现最佳的"刘武与客户",并阐述推举理由。

推举理由：_____

_____

_____

五、任务评价

项　目	评　价　内　容	个人评价 (符合评价内容打"√")	小组评价 (符合评价内容打"√")
专业能力 评价	语音清晰,能让人听得清楚		
	语调饱满,能让人听出语气的变化		
	语速适中,能控制节奏的快慢		
	停连得当,能用流利的语言进行表达		
	能运用肢体语言进行表达		
专业能力评价等级(5、4个"√"—A,3、2个"√"—B, 1、0个"√"—C)			
关键能力 评价	能遵守纪律,服从安排		
	能配合小组进行讨论学习		
	能完成对话设计		
	能主动扮演角色或担负任务		
	能在对话设计或展示中有所创新		
	能在学习、展示中找到乐趣		
	能维护活动场所的干净整洁		
	具备安全意识		

续上表

项目	评价内容	个人评价 (符合评价内容打"✓")	小组评价 (符合评价内容打"✓")
关键能力评价等级(8、7、6个"✓"—A,5、4、3个"✓"—B,2、1、0个"✓"—C)			
个人成长评价	1.在本次任务完成的过程中,我的优点是:_____ 2.在本次任务完成的过程中,我取得的进步有:_____ 3.在本任务学习中,我遇到的困难是:_____ 4.下一阶段我的目标是:_____		

六、任务拓展

(一)绕口令练习

(1)天上七颗星,地上七块冰,台上七盏灯,树上七只莺,墙上七枚钉。吭唷吭唷拔脱七枚钉。喔嘘喔嘘赶走七只莺。乒乒乓乓踏坏七块冰。一阵风来吹来七盏灯。一片乌云遮掉七颗星。

(2)八只小白兔,住在八棱八角八座屋。八个小孩要逮八只小白兔,吓得小白兔,不敢再住八棱八角八座屋。

(3)公园有四排石狮子,每排是十四只大石狮子,每只大石狮子背上是一只小石狮子,每只大石狮子脚边是四只小石狮子,史老师领四十四个学生去数石狮子,你说共数出多少只大石狮子和多少只小石狮子?

(4)有君子兰、广玉兰,米兰、剑兰、凤展兰。白兰花、百合花、茶花、桂花、喇叭花。长寿花、芍药花、芙蓉花、丁香花。扶郎花、蔷薇花、桃花、樱花、金钟花。花中之王牡丹花,花中皇后月季花。凌波仙子水仙花,月下公主是昙花。清新淡雅吊兰花,浪漫多彩杜鹃花。芳香四溢茉莉花,金钟倒挂灯笼花。一花先开的金盏花,二度梅,三莲花。四季海棠,四季花,五彩梅,五彩的花。六月雪开的是白花,七星花是个大瓣花。八宝花是吉祥的花,九月菊是仲秋花。日月红、百兰花、千日红本是变色花。万年青看青不看花。

(二)语言技能训练

应答自如

(1)将每4个人组成一个组,在组内任意确定组员的发言顺序,两个组构成一个大组进行游戏。

（2）让小组确定的第一个志愿者出来,对着另一个组喊出任何经过他脑子的词,比如:姐姐、鸭子、蓝天等等任何词。

（3）另一个小组的第一个志愿者必须对这些词进行回应,比如:哥哥、小鸡、白云等。

（4）志愿者必须持续地喊,直到他不能想出任何词为止,一旦你发现自己在说"哦,嗯,哦……"。你就必须宣告失败,回到座位上,换你们小组的下一位上。

（5）哪个小组能坚持到最后,哪个小组算获胜。

（三）话题训练

"假如我拥有……",时间限定3分钟。

学习项目3　汽车保险与理赔

学习目标

★ 知识目标

能用普通话准确读出汽车保险领域相关词语及句子。

★ 技能目标

能够结合礼仪动作、肢体语言,自然流畅地进行表达,在各种保险情景和语言环境中进行恰当地道地交谈。

★ 素养目标

能灵活运用礼仪用语、礼仪知识培养良好的沟通能力与沟通意识。

学习内容

中国有一句俗话:"天有不测风云,人有旦夕祸福。"这句话是人们对自己命运,对自然规律的不可预见性的一种无可奈何的总结。所以,给爱车上保险其实是给自己一个保障,也是给家人一个放心。

本项目主要从汽车保险及其专有名词、汽车保险主要产品及方案选择、汽车保险承保、汽车保险理赔、汽车保险营销中的抗拒处理五个方面介绍在汽车保险领域需要使用到的一些词语、句子、篇章,结合场景模拟演练,旨在让学生了解并掌握汽车保险领域正确、规范的服务用语,从而提升语言表达能力和实战能力。

建议课时

40 课时

学习任务1 汽车保险及其专有名词

学习过程

一、任务描述

北京现代4S店招募了一批实习生,经过三个月汽车保险的培训学习,林萧凭借在见习过程中的出色表现,顺利成为一名汽车保险专员。这时候的林萧信心满满,对未来的工作充满了期待。在上岗的第一个月,保险部唐经理给林萧安排了任务:对来电或到店咨询顾客进行接待、解释、答疑工作,并告诉他,第一步很关键,希望他能够好好表现。面对唐经理期望的眼神,林萧郑重地点了点头。

二、任务目标

完成此项任务后,你应当:
(1)能够对顾客进行电话接待。
(2)能够对顾客进行店面接待。
(3)能够做好顾客的解释和答疑。

三、任务准备

(1)活动场地准备:将课桌摆放成保险接待柜台,适合学生进行保险接待展示。
(2)设施设备准备:工作电脑、电话、仪容镜、便笺纸、记录笔、顾客座椅。
(3)学生课前准备:普通话学习工具书;学生职业套装、工作牌。

四、任务实施

(一)词

任务:
(1)请给加点的词注音。
(2)请准确读出以下词语的读音。
(3)请猜想它们的含义。

资料:

声母	唇音:b p m f	批改 保险 免赔 赔付 标的 风险 分摊 补偿 保额 免除
	舌尖中音:d t n l	理赔 定损 投保 通赔 批单 保单 代理 填写 拟定 联系
	舌根音:g k h	查勘 公估 构成 核定 共同 事故 变更 个体 控制 复核

续上表

声母	舌面音:j q x	加保 经营 汽车 金额 装卸 企划 结案 机动 价值 险种
	舌尖后音:zh ch sh r	承保 出险 人身 抽样 进入 审批 书面 政策 准备 使用
	舌尖前音:z c s	索赔 自负 综合 责任 暂时 财险 再保 损失 财产 检测
韵母	开口呼：-i(前) -i(后) a o e er ai ei ao ou an en ang eng	要素 密度 深度 利益 合同 碰撞 培养 阻碍 等待 斗志
	齐齿呼:i ia ie iao iou ian in iang ing	骗保 异地 特别 印证 优质 限额 医治 法定 凭证 诚信
	合口呼:u ua uo uai uei uan uen uang ueng ong	贡献 关系 划痕 自愿 过失 双务 稳定 委托 温暖 快递
	撮口呼:ü üe üan ün iong	全保 全险 费率 续保 渠道 确凿 雄辩 权益 了却 窘迫

(二)句

任务:

(1)请用自然、流畅的语言读出每个车险词语的解释。
(2)请向你的同桌介绍每个车险词语。

资料:

车险词语	名词解释
汽车保险	汽车保险,即机动车辆保险,简称车险,是指对机动车辆由于自然灾害或意外事故所造成的人身伤亡或财产损失负赔偿责任的一种商业保险。
保险人	与投保人订立保险合同,收取保险费,并承担赔偿或者给付保险责任的保险公司。
投保人	与保险人订立保险合同,并按照保险合同负有支付保险费义务的人。
被保险人	其财产或者人身受保险合同保障,享有保险金请求权的人,投保人可以为被保险人。
第三方	在保险合同中,保险人是第一方,也叫第一者;被保险人或致害人是第二方,也叫第二者;除保险人和被保险人之外的,因意外事故而遭受人身伤害或财产损失的受害人,是第三方。

续上表

车险词语	名　词　解　释
第三方	
投保	投保人向保险人表达签订保险合同的意愿的过程。
车险承保	保险人在投保人提出投保请求时,经审核其投保内容符合承保条件,同意接受其投保申请,并按照有关保险条款承担保险责任的过程。汽车保险承保是保险人与投保人签订保险合同的过程,包括投保、核保、签发单证、续保与批改等程序。
车险核保	保险人对于投保人的投保申请进行审核,决定是否接受承保这一风险,并在接受承保风险的情况下,确定承保费率和免赔额等条件的过程。
续保	在保单期满前,投保人向保险人提出申请,保险人同意以原承保条件或者以一定附加条件继续承保的行为。
审核投保单	根据公司的承保标准决定投保单是否可以受理。
保险事故	保险合同约定的保险责任范围内的事故。
索赔	保险事故发生后,被保险人或受益人依照保险合同约定向保险人请求赔偿保险金的行为。
退保	在保险期限内,投保人向保险人要求结束保险合同的行为。
加(减)保	在保险期限内,经投保人申请,保险人根据合同约定同意增加(降低)保险金额的行为。
异地索赔	不在保险购买地机构的索赔行为。
通赔	客户在非保险购买机构所在地出险可享受与在购买保险机构所在地同样的索赔服务,包括查勘、定损、领取赔款等。
查勘人员	负责保险事故调查并缮制调查报告的个人或单位。

续上表

车险词语	名词解释
索赔单证	投保人、被保险人或受益人向保险人提供的与确定保险事故的性质、原因和损失程度等有关的证明和资料。
定损	确定保险标的的实际损失的过程。
出险	保险期限内保险事故的发生。
结案	保险人对赔案中应承担的义务和应享有的权利执行完毕的状态。
查验车辆	根据投保单、投保单附表和车辆行驶证,对投保车辆进行实际查验。
核定费率	根据投保单上所列的车辆情况、驾驶人员情况和保险公司的《机动车辆保险费率标准》,逐项确定投保车辆的保险费率。
复核	审查核对。
单证内容	在汽车保险中主要有以下几种单证:投保单、保险单、保险卡、批单、保险费发票。
费率标准	在基本收费的基础上结合车主的上年度驾车出险纪录、车辆使用性质(营运、非营运等)、车型风险因素(有的车型属于易出险类型,有的属于比较"安全"车型)等影响到风险大小的各种因素来调整客户应该承担的保费。
无赔款优待	指保险车辆在上一年保险期限内无赔款,续保时可享受无赔款减收保险费优待。
车辆识别码	简称 VIN,是一组由17位英文字母和数字组成,用于汽车上的一组独一无二的号码,可以识别汽车的生产商、发动机、底盘序号及其他性能等资料。
最低保额	保险公司赔偿一笔保费的最低下限。

续上表

车险词语	名词解释
最高保额	保险公司赔偿一笔保费的最高上限。

(三)篇

任务：
请以两人为一小组对车险术语用通俗易懂的语言进行互相介绍。

资料：
(1)顾客："我到底是保险人还是被保险人呢？"

林萧："先生，您请坐，我慢慢跟您解释。您如果为您的车买了保险，您就是被保险人，您的权益受保险合同保障。而所谓的保险人则指的是您所投保的保险公司，在汽车保险中，就是有权经营汽车保险的保险公司。你看我这样解释，您清楚了吗？"

顾客："哦，非常清楚！谢谢你。"

(2)顾客："我还想问一下，那投保人和被保险人不是一回事吗？干嘛有两种称呼？"

林萧："投保人是与保险公司订立保险合同，并支付保险费的人。这么说吧，您今天为自己买了份保险，您既是投保人又是被保险人。但如果您是给朋友买的保险，那您只是投保人，您的朋友是被保险人。您清楚了吗？"

顾客："明白了！谢谢。"

(3)顾客："在保险里，总有什么第三者说法，这个第三者是什么意思啊？"

林萧："呵呵，这个第三者和我们生活中的第三者可不一样，在保险里是有严格定义的，我跟您仔细说一下。保险合同中，保险人是第一方，也叫第一者；被保险人或致害人是第二方，也叫第二者；除保险人与被保险人之外的因保险车辆意外事故而遭受人身伤害或财产损失的受害人是第三人，即第三者。比如说您为您的车买了保险，您的车不小心撞到了人，那么保险公司就是第一者，您就是第二者，被您的车撞到的人就是第三者了。"

顾客："原来如此！"

(4)顾客："保险金额和保险费是一回事吗？"

林萧："您请坐，喝杯水，我来跟您解释一下。保险金额是指保险公司承担赔偿义务的最高限额。而保险费，俗称'保费'，指的是投保人缴付给保险人的费用。您看这张保险单，车身划痕损失险这一项中保险费是300元，保险金额是2000元，300元是您付给保险公司的，如果您的车有任何刮擦或是划痕，保险公司最高可以给您赔付2000元。我这样说,您理解了吗?"

顾客:"哦,你解释得很清楚,我明白了,谢谢你!"

林萧:"不客气!"

(四)景

任务:

(1)能根据任务描述设计保险专员与客户之间的对话。

(2)能运用服务口语与普通话表达技巧,结合服务礼仪完成接待任务。

资料:

办事认真谨慎的王女士上周在4S店购买了台索纳塔八2.0L自动豪华版轿车,这周专程到店想为她的爱车购买保险。对保险知识了解甚少的王女士不断提出一些问题向你咨询,比如:"保险人、被保险人、投保人和第三者,有什么区别和联系?""保险金额和保险费是一回事吗?保险费率又是什么呢?"请根据情景和你对汽车保险专有名词的理解设计服务接待用语,并结合礼仪接待规范进行现场展示。

任务分解:

(1)分组讨论、设计林萧与王女士之间的谈话。

(2)将对话设计写在下面。

_____

_____

_____

_____

_____

(3)明确组员角色与任务分工。

角　色	任　务	分工方案1	分工方案2	分工方案3
林萧	扮演角色			
王女士	扮演角色			
记录员1	跟踪记录场景展示过程并点评			
记录员2	跟踪记录场景展示过程并点评			
摄像员	拍摄图片、视频			
观察员	观察组员并作点评			

(4)各小组选出本组最佳"林萧与客户",代表本组展示对话情景,接受各组检阅。

(5)各组推举出本次任务中表现最佳的"林萧与客户",并阐述推举理由。

推举理由:_____

五、任务评价

项目	评价内容	个人评价 (符合评价内容打"✓")	小组评价 (符合评价内容打"✓")
专业能力评价	语音清晰,能让人听得清楚		
	语调饱满,能让人听出语气的变化		
	语速适中,能控制节奏的快慢		
	停连得当,能用流利的语言进行表达		
	能运用肢体语言进行表达		
专业能力评价等级(5、4个"✓"—A,3、2个"✓"—B,1、0个"✓"—C)			
关键能力评价	能遵守纪律,服从安排		
	能配合小组进行讨论学习		
	能完成对话设计		
	能主动扮演角色或担负任务		
	能在对话设计或展示中有所创新		
	能在学习、展示中找到乐趣		
	能维护活动场所的干净整洁		
	具备安全意识		
关键能力评价等级(8、7、6个"✓"—A,5、4、3个"✓"—B,2、1、0个"✓"—C)			
个人成长评价	1.在本次任务完成的过程中,我的优点是:_____ 2.在本次任务完成的过程中,我取得的进步有:_____ 3.在本任务学习中,我遇到的困难是:_____ 4.下一阶段我的目标是:_____		

六、任务拓展

(一)绕口令练习

(1)这是蚕,那是蝉,蚕常在叶里藏,蝉常在林里唱。

(2)山前有个严圆眼,山后有个颜眼圆。二人山前来比眼,不知是严圆眼比颜眼圆的眼圆,还是颜眼圆比严圆眼的眼圆。

(3)老饶下班去染布,染出布来做棉褥,楼下有人拦住路,只许出来不许入。如若急着做棉褥,明日上午来送布。离开染店去买肉,回家热锅炖豆腐。

(4)紫瓷盘,盛鱼翅,一盘熟鱼翅,一盘生鱼翅。迟小池拿了一把瓷汤匙,要吃清蒸美鱼翅。一口鱼翅刚到嘴,鱼刺刺进齿缝里,疼得小池拍腿挠牙齿。

(二)语言技能训练

争当优秀秘书

推举一位同学扮演秘书,再找几位同学扮演客商。"客商"纷纷向"秘书"陈述购买产品的事项。"秘书"要快速记下来,稍加整理后,立即向"经理"(也由一名同学扮演)汇报。其他同学评议一下,哪位"秘书"听记后复述的最好,推选他为"优秀秘书"。

(三)话题训练

"生活中的美",时间限定3分钟。

学习任务2　汽车保险主要产品及方案选择

 **学习过程**

一、任务描述

做了一个月的接待工作,林萧逐渐摆脱了与陌生人交流时的紧张感,在与顾客沟通时术语的运用也越来越熟练。唐经理开始关注这个细心的小伙子。在一次晨会后,唐经理专门把他叫到跟前,问道:"小林,你在工作中觉得顾客遇到最多的问题是什么?"林萧想了想说:"我发现很多顾客到店不知道他的车应该买哪些险种,对有些险种的作用也不太清楚。"唐经理点点头,对林萧说:"从今天起交给你的第二个任务是,帮顾客量身搭配险种,并做好耐心细致的解释工作。"林萧赶忙答道:"任务收到,请领导放心!"

二、任务目标

完成此项任务后,你应当:
(1)能够了解顾客心理,及时发现问题。
(2)能够向顾客介绍基本的车险险种。
(3)能够帮助顾客选择和搭配适合的车险险种。

三、任务准备

(1)活动场地准备:顾客接待洽谈桌、方便学生进行保险方案的讨论及保险方案推荐情景展示。

(2)设施设备准备:多媒体教室、车险险种挂图及视频、车险搭配方案的介绍资料。

(3)学生课前准备:普通话学习工具书;学生课前通过网络提前搜集和了解车险的主要险种资料。

四、任务实施

(一)词

任务:

(1)请给加点的词注音。

(2)请准确读出以下词语的读音。

资料:

声母	唇音:b p m f	卖点 保监 破碎 玻璃 产品 没收 方案 附加 法定 诈骗
	舌尖中音:d t n l	投入 退保 盗抢 垫付 拖车 负担 年检 道理 能力 抵押
	舌根音:g k h	核对 客户 购买 勘测 合理 还原 合适 扣押 划伤 暂扣
	舌面音:j q x	解除 驾驶 新手 基本 危险 驾龄 教练 修复 技术 交强
	舌尖后音:zh ch sh r	主险 实力 中介 差异 专业 生效 承租 转嫁 上牌 任务
	舌尖前音:z c s	催促 咨询 自燃 赞助 装载 层次 测试 租赁 次要 诉讼
韵母	开口呼:-i(前) -i(后) a o e er ai ei ao ou an en ang eng	防伪 购置 节省 保障 实惠 意外 调整 快乐 设备 接纳
	齐齿呼:i ia ie iao iou ian in iang ing	停车 建议 便宜 境外 监管 接待 变更 精神 营运 忽悠
	合口呼:u ua uo uai uei uan uen uang ueng ong	退还 浮动 货物 终止 刮花 歪曲 保卫 稳妥 靠拢 扩大
	撮口呼:ü üe üan ün iong	几率 选择 确保 特约 概率 挖掘 缺失 预算 全赔 屡次

(二)句

任务:

(1)请用自然、流畅的语言读出每种保险的推介术语。

(2)两人作为一小组对每种保险进行相互推介。

资料:

据说现在中国汽车的事故率达到50%,甚至还要高。所以谁都可能成为汽车事故中的加害者和被害者。一旦事故发生,无论是加害者还是被害者,都会面临巨大的经济负担和心理压力。汽车保险在汽车发生事故时可以在弥补经济损失上起非常重要的作用。

险 种	推 介 术 语
交强险	1. 保险公司对被保险机动车发生交通事故造成本车人员、被保险人以外的受害人的人身伤亡、财产损失,在责任限额内予以赔偿的强制性责任保险。 2. 先生,您的车如果不买交强险,后果非常严重。新车不能上牌,旧车没办法年检,并且上路一旦被交警抓到会被罚款的。
车辆损失险	3. 车损险指被保险人或其允许的驾驶员在驾驶保险车辆时发生保险事故而造成保险车辆受损,保险公司在合理范围内予赔偿的一种汽车商业保险。 4. 先生,车损险花钱不多,却能得到很大的保障。我建议您最好买这个险种,否则车辆碰撞后的修理费都得自己掏腰包。
第三者责任险	5. 第三者责任险保的是被保险人在交通事故中造成第三者的人身伤亡或财产直接损毁,对于超过交强险各分项赔偿限额以上的部分进行赔偿。 6. 先生,第三者责任险是很有用处的,特别是你一旦出险,投保的交强险不够赔付,那么就得靠它了。

续上表

险　种	推　介　术　语
车上人员责任险	7. 车上人员责任险是对于交通事故中保险车辆上人员人身伤亡负责赔偿的险种。 8. 先生,如果您是新手或者经常开车带上亲朋好友,我建议您最好购买这个险种,它可以使您和乘客都能得到一定程度的风险保障。
盗抢险	9. 指保险车辆全车被盗或被抢劫,对被保险人造成的直接经济损失。在车辆被盗抢三个月后,保险人按保险金额或出险时车辆实际价值进行赔偿。 10. 您知道,现在的治安状况和停车环境不是很好,如果您为爱车投保盗抢险,即使车辆不幸被盗抢,也可以通过保险理赔,最大程度上减少经济损失。
玻璃单独破碎险	11. 玻璃单独破碎险负责赔偿保险车辆在使用过程中,发生本车玻璃单独破碎的损失。 12. 您看,平常开车速度快点崩起个小石子就可能把玻璃碰碎。并且这个险种的保费不高,花一百多元就能买到,挺实惠的。

续上表

险　种	推　介　术　语
车身划痕险	13. 车身划痕险保的是对于无明显碰撞痕迹的车身划痕,保险人负责赔偿。 14. 假如车停在路上被人故意或者无意间划伤,这个险种负责赔偿,价格不贵但很实用。
自燃损失险	15. 自燃险保的是车辆自燃的损失,包括车的电器、线路、供气供油系统发生故障或者车上所载货物因为自身原因燃烧造成的车辆本身的损失。 16. 汽车自燃,必定会带来经济损失,为了转嫁这种风险,我建议您为爱车投保一份自燃险。 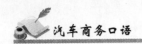
不计免赔特约险	17. 不计免赔率特约险承保的是事故发生后,对应险种规定的应当由被保险人自行承担的免赔金额,由保险人负责赔偿。 18. 如果您买了车损险,再投保了不计免赔险,出了事故就可以全赔了,99%的客户都会选择投不计免赔险。
涉水险	19. 车主为发动机购买的附加险。它主要是保障车辆在积水路面涉水行驶或被水淹后致使发动机损坏可给予赔偿。 20. 我建议您购买涉水险。因为我们居住的这座城市的地势比较洼,而且雨季的时间比较长,曾多次出现过发动机被浸泡而受损的情况。买了这个险,就等于是给您的爱车一个保障。

续上表

险 种	推 介 术 语
涉水险	
车上货物责任险	21. 指发生意外事故,致使保险车辆所载货物遭受直接损毁,依法应由被保险人承担的经济赔偿责任,保险人在保险单载明的赔偿限额内负责赔。 22. 如果您的车发生意外事故,致使被保险车辆所载货物遭受损毁,保险公司会根据条款规定对所发生的损失给予应有的赔付。
车载货物掉落责任险	23. 机动车辆在使用过程中,所载货物从车上掉下致使第三者遭受人身伤亡或财产的直接损毁。 24. 您是货车驾驶员,经常拉货出行,万一您车辆上的货物掉落造成他人的人身伤害或财产损失,需要负责赔偿时,由保险公司来承担这部分赔偿责任。
新增加设备损失险	25. 负责赔偿车辆发生碰撞等意外事故造成车上新增设备的直接损失。新增设备是指除车辆原有设备以外,车主另外加装的设备及设施。

续上表

险　种	推　介　术　语
新增加设备损失险	26.先生,您看您又给爱车另外加装了GPS车载导航,还有真皮电动座椅,想必一定花了不少钱。如果您购买了这个险种,车辆发生碰撞时新装的设备造成直接损失,我们会根据损失情况给您相应的赔偿。
指定专修厂	27.指定专修厂,又名特约险。投保人在投保时要求车辆在出险后可自主选择具有被保险机动车辆专修资格的修理厂进行修理。 28.先生,您的车是进口高档车,如果您不购买4S店专修险,发生事故后选择4S店修理的话,保险公司会按社会修理厂的价格进行定损,那么二者之间造成的差价得由您自己承担。
车辆停驶损失险	29.负责赔偿保险车辆发生保险事故造成车辆损坏,因停驶而产生的损失。 30.您是知道的,车辆进厂修理,造成保险车辆停驶的损失,保险公司按保险合同规定在赔偿限额内负责赔偿,将您的损失减小到最低程度。

(三)篇

任务:

(1)向别人介绍三种方案的险种搭配。

(2)用自己的话表述三种方案应当分别推介给哪些人。

(3)两人作为一个小组选方案进行互相推介。

资料:

我们为顾客准备了多种投保套餐,如:基本型——投保适用于车辆使用较长时间以及驾驶技术娴熟、愿意自己承担大部分风险的车主;经济型——投保适合于有长期固定人员看守的停放场所停放的车辆,也适合于有一定驾龄、愿意自己承担部分风险的车主;保障型——投保方式适合新车新手及需要全面保障的车主;怎样根据实际情况进行选择呢?

序号	方案名称	参考术语
方案一	基本型——交强险+第三者责任险+不计免赔特约险	顾客:"你好,我的车已经开了8年了,不想再买那么多保险了,买个最基本的就够用了,你帮我选下吧!" 林萧:"好的,先生您先请坐,我拿张保险单跟您详细地说。您看,您的车首先要买一个交强险,这是国家规定必须要买的,如果您的车不投保交强险就上路的话,一旦被交警抓住,除了要补交交强险外,还要处以保费两倍的罚款,多不划算!您说是吧?" 顾客:"交强险一定要买的,这个我知道。" 林萧:"单买交强险对于经常在路上行驶的汽车来说,保障是远远不够的。您一定要保一个第三者责任险做补充。您别看交强险保额是12.2万元,那可是分项赔偿的,您知道吗?交强险在您有责的情况下对第三者的医疗费最多赔1万元,财产损失最多赔2000元,现在医药费这么贵,就算看个骨折上一两万都很正常。再加上误工费、护理费等,一万哪儿够赔啊?" 顾客:"也是!" 林萧:"第三者责任险赔起来可是不分项的,如果您保10万元的第三者责任险,不管医疗费用还是财产损失费用都在这10万元限额内出,多划算啊!不光如此,第三者责任险实行的还是每次赔偿限额原则,就是说,您保这10万元不是说总共最多赔您10万元,而是每次事故都最多赔您10万元,您看这个险种多超值!多花点钱,图个放心!" 顾客:"听你这样一说,这个的确需要买。" 林萧:"另外这个不计免赔险一定要买,否则出了事故有些钱赔不了,99%的客户都上这个险。" 顾客:"这样啊!" 林萧:"您的车已经开了8年了,你是我们的老客户,我建议您也不用买太多,但这三种险您一定得买,您看呢?" 顾客:"那就听你的吧!"

续上表

序　号	方　案　名　称	参　考　术　语
方案二	经济型——交强险＋第三者责任险＋车损险＋盗抢险＋玻璃单独破碎险＋不计免赔特约险	顾客："我已经连续两年买全险了,这次续保觉得没必要买全险了,你给个建议吧！" 林萧："先生,您的意思我明白了,您先坐,我跟您详细地介绍一下。对于您的车,交强险是一定要买的。第三者责任险推荐您保10万元或者20万元,对于一般的交通事故,20万元基本够用了,而且10万元三者和20万元三者才差了100多元钱,但保障却提高了一倍,相当于每天才多交几毛钱,可心里踏实多了。" 顾客："好的,我考虑一下！" 林萧："车损险是赔您自己车本身损失的,也是必保的项目,平常有些磕磕碰碰的就可以走保险了,而且对于火灾、爆炸、雷击、冰雹、暴雨等灾害造成的损失也可以赔付。这是个性价比很高的险种,对于您的车,保费是1200元,平均一天也就多花3元多,可能还赶不上您一个小时的停车费。您说是吧？" 顾客："嗯,这个挺需要的！" 林萧："另外,如果您经常在外面停车的话,盗抢险也是必买的。不买盗抢险一旦车丢了就什么都没了。对于您的车,保费也就380元,一天多花一元钱,图个踏实不是？" 顾客："说的也是！" 林萧："不计免赔险就更不用说了,99%的客户都会上这个险,这个钱可不能省,否则一旦出了险您的损失就大了。另外附加险还有一个玻璃险,这个您也是可以考虑投保的,因为玻璃毕竟属于易碎的物品,平常开车速度快点崩起个小石子就可能把玻璃碰碎,而且保费不高,100多元钱,也是挺实惠的。" 顾客："听起来不错！" 林萧："知道您追求最高的性价比,尽量花最少的钱得到最高的保障。其他一些险种就没向您推荐,比如车上人员责任险,就是个不记名的比较实惠的意外险,平常只有您和您太太坐车,您又都买了意外险,就可以选择不投保,虽然保费不贵才100多元,但能省则省嘛。 顾客："好的,那就按你的推荐买吧！" 林萧："谢谢您的信任,我去拿投保单,您稍等！"

续上表

序　号	方案名称	参　考　术　语
方案三	保障型——交强险＋第三者责任险＋车损险＋车上人员责任险＋盗抢险＋不计免赔险＋玻璃单独破碎险＋车身划痕险＋自燃险	顾客："我刚买的车还没买保险，今天想来咨询一下，买哪些险合适？" 林萧："女士您好！您这边坐下，我给您慢慢介绍。恭喜您有了自己新的座驾，想必您对它也是非常钟爱的，所以想要给您的车得到比较全面的保障，一定要买'全险'，一般来说，我们说的'全险'指的是最实用的 9 个险种，也就是交强险、四个商业主险和四个商业附加险。" 顾客："那你具体给我说说。" 林萧："好的，首先交强险是必须要买的，这是国家规定必须要买的。虽然交强险赔偿的是交通事故中第三者的人身伤亡和财产损失，但是它实行的是分项赔偿原则，死亡伤残最多赔 11 万元，医疗费用最多赔才 1 万元，财产损失最多赔 2000 元，所以保障是远远不够的，必须投保一个第三者责任险作为补充。第三者责任险保额分为 5 万元、10 万元、20 万元，我建议您保 20 万元的，比较实惠，同时基本能得到比较充分的保障。" 顾客："好的，我考虑一下！" 林萧："车损险也是我推荐您必须要买的，这个险是赔您自己车本身损失的，像您的又是新车，平常有些磕磕碰碰的就可以走保险了，而且对于火灾、爆炸、雷击、冰雹、暴雨等灾害造成的损失也可以赔付。这是个性价比很高的险种，对于您的车，保费是 1200 元，平均一天也就多掏 3 元多钱，可能还赶不上您一个小时的停车费。您说是吧？" 顾客："这个可以买。" 林萧："另外，给您推荐几个险种，都是性价比不错的，也非常适合您的爱车。车上人员责任险是对于交通事故中车上人员人身伤亡负责赔偿的险种，相当于一个比较实惠的意外险，还是不记名的，保费也便宜，才 100 多元，可以得到每个座位 1 万元的保障。 盗抢险是必上的险种，您不上车损出了事故最多自己花点钱修了，但不上盗抢一旦车丢了就什么都没了。对于您的车，保费也就 380 元，一天多花一块钱，图个踏实不是？ 在很多险种的条款中都规定了一定的免赔率，就是说在某种情况下保险公司要免赔百分之多少。投保了不计免赔险出了事故就可以全赔了。99% 的客户都会选择上不计免赔险。 玻璃单独破碎险保的是前后风窗玻璃和四周车窗玻璃单独破碎的风险，对于玻璃这种易碎品，这个保险是必不可少的。

续上表

序　号	方　案　名　称	参　考　术　语
方案三	保障型——交强险＋第三者责任险＋车损险＋车上人员责任险＋盗抢险＋不计免赔险＋玻璃单独破碎险＋车身划痕险＋自燃险	车身划痕险保的是无明显碰撞痕迹的车身划痕，假如车停在路上被人故意或者无意间划了，这个险种负责赔偿。 　　自燃险保的是车辆自燃的损失，包括车的电器、线路、供气供油系统发生故障或者车上所载货物因为自身原因燃烧造成的车辆本身的损失。这个险种不贵，推荐你最好保上。" 　　顾客："听你的介绍，好像这些都还不错啊！" 　　林萧："是啊，我给您推荐的都是最适合您的，车险条款有34个，但我觉得真正对您有用，性价比又比较高的就是这9个，也就是我们俗称的"全险"，保了"全险"，您的爱车就基本上得到了相对全面的保障。您也就可以放心了！" 　　顾客："你替我想的还挺周到嘛，好吧，就按你推荐的买吧！" 　　林萧："好的，谢谢您的信任！我去给您拿投保单，请稍等！"

(四)景

任务：

(1)能根据任务描述设计保险专员与客户之间的对话。

(2)能运用服务口语与普通话表达技巧，结合服务礼仪完成接待任务。

资料：

公司白领顾小姐，今日到店想为她的新车买保险，当你了解到关于她的一些基本信息(26岁，驾龄1年)后，你如何向她推荐适合她的险种，并对她提出的一些疑问进行耐心解答？请你以林萧的身份根据情景和对汽车保险险种作用的理解，设计服务接待用语，并结合礼仪接待规范进行现场展示。

任务分解：

(1)分组讨论、设计林萧与顾小姐之间的谈话。

(2)将对话设计写在下面。

(3)明确组员角色与任务分工。

角 色	任 务	分工方案1	分工方案2	分工方案3
林萧	扮演角色			
顾小姐	扮演角色			
记录员1	跟踪记录场景展示过程并点评			
记录员2	跟踪记录场景展示过程并点评			
摄像员	拍摄图片、视频			
观察员	观察组员并作点评			

(4)各小组选出本组最佳"林萧与客户",代表本组展示对话情景,接受各组检阅。

(5)各组推举出本次任务中表现最佳的"林萧与客户",并阐述推举理由。

推举理由：_____

_____

_____

五、任务评价

项目	评价内容	个人评价 (符合评价内容打"√")	小组评价 (符合评价内容打"√")
专业能力评价	语音清晰,能让人听得清楚		
	语调饱满,能让人听出语气的变化		
	语速适中,能控制节奏的快慢		
	停连得当,能用流利的语言进行表达		
	能运用肢体语言进行表达		
专业能力评价等级(5、4个"√"—A,3、2个"√"—B,1、0个"√"—C)			
关键能力评价	能遵守纪律,服从安排		
	能配合小组进行讨论学习		
	能完成对话设计		
	能主动扮演角色或担负任务		
	能在对话设计或展示中有所创新		
	能在学习、展示中找到乐趣		
	能维护活动场所的干净整洁		
	具备安全意识		

续上表

项目	评价内容	个人评价 (符合评价内容打"√")	小组评价 (符合评价内容打"√")
	关键能力评价等级(8、7、6个"√"—A,5、4、3个"√"—B,2、1、0个"√"—C)		
个人成长评价	1.在本次任务完成的过程中,我的优点是:_____ 2.在本次任务完成的过程中,我取得的进步有:_____ 3.在本任务学习中,我遇到的困难是:_____ 4.下一阶段我的目标是:_____		

六、任务拓展

(一)绕口令练习

(1)扁担长,板凳宽,扁担没有板凳宽,板凳没有扁担长。扁担绑在板凳上,板凳不让扁担绑在板凳上。

(2)哥挎瓜筐过宽沟,过沟筐漏瓜滚沟。隔沟挎筐瓜筐扣,瓜滚筐空哥怪沟。

(3)十八般武艺:刀、枪、剑、戟、斧、钺、钩、叉、镋、棍、槊、棒、鞭、锏、锤、抓、拐子、流星(锤)。

(4)华华有两朵黄花,红红有两朵红花。华华要红花,红红要黄花。华华送给红红一朵黄花,红红送给华华一朵红花。

(二)语言技能训练

如果你是一个推销员,你向用户推销一样最新产品,你如何介绍产品的特点、功能和使用方法。产品自定,人人准备,模拟练习。

(三)话题训练

"回想我的成长历程",时间限定3分钟。

学习任务3　汽车保险承保

 学习过程

一、任务描述

一个月紧张忙碌的实战工作让林萧积累了很多工作经验,同时在这之中他也得到

了客户的信任,今天他将为前几天到店咨询的王女士进行承保。保险部唐经理看在眼里,喜在心上,于是他把林萧叫到身旁,对他说:"小林啊,你的工作干得不错!还记得培训的时候我对你们讲的关于核保的工作吗?"林萧想了想,回答道:"核保工作,也叫风险选择,是说当客户决定投保后,我们保险公司对被保险人或投保人进行风险评估,并确定是否承保。这是一名汽车保险业务员最基本的工作内容。"唐经理听完后,微笑着对林萧说:"那接下来你的任务就是:在顾客投保时给予专业、体贴、热情、周到的服务;能够在承保过程中体现专业素养和良好的个人素质。"林萧暗暗鼓了把劲,对经理说:"经理,您放心吧!我会尽力做到最好!"

二、任务目标

完成此项任务后,你应当:
(1)能够应用正确礼仪对顾客进行店面接待。
(2)能够按照投保流程对顾客投保进行全程指导。

三、任务准备

(1)活动场地准备:汽车营销模拟实训室;将柜台按保险接待展示厅进行布置。
(2)设施设备准备:保险接待柜台、接待洽谈桌椅、茶具、工作电脑、便笺纸车险投保单、机动车辆条款条例范本。
(3)学生课前准备:普通话学习工具书;学生职业套装、接待人员仪容仪表技能标准、保险接待礼貌用语。

四、任务实施

(一)词

任务:
(1)请给加点的词注音。
(2)请准确读出以下词语的读音。

资料:

声母	唇音:b p m f	服务 报价 免费 缴费 安抚 补录 防火 保留 迸发 破坏
	舌尖中音:d t n l	提醒 担保 懦弱 谈判 杂乱 订单 商讨 堵塞 淘汰 凝视
	舌根音:g k h	合同 归档 核保 购置 照顾 告之 改革 评估 喧哗 扣留
	舌面音:j q x	交车 签单 洽谈 记载 计算 续保 清分 签发 监控 巡视

续上表

声母	舌尖后音:zh ch sh r	缮制 利润 上门 审核 敏锐 车价 致电 超额 收取 辱骂
	舌尖前音:z c s	咨询 造化 定损 操纵 资格 补足 散发 阻挠 裁决 色彩
韵母	开口呼:-i(前) -i(后) a o e er ai ei ao ou an en ang eng	出单 优势 折让 合谋 收费 生动 更换 验车 优惠 恩惠
	齐齿呼:i ia ie iao iou ian in iang ing	推荐 推介 签署 交接 协定 减保 加价 修理 洽谈 勤俭
	合口呼:u ua uo uai uei uan uen uang ueng ong	复核 端正 委派 剐蹭 上浮 观摩 稳重 观摩 拱手 裸车
	撮口呼:ü üe üan ün iong	预约 履行 捐献 出具 规律 均衡 拘束 效率 忽略 迥然

(二)句

任务：

(1)请用自然、流畅的语言读出每个词语的解释。

(2)请向你的同桌介绍每个词语。

资料：

承保名词	推介术语
展业	1.感谢您让我有机会和您交流，不过我想请问您为什么对我们保险公司这么排斥，是不是以前有过不愉快的经历？ 2.我们谁都不愿意看到哪位车主出险，但有些事情我们都难以预料，属于您的风险投资，一旦出了险，能帮您渡过难关。 3.先生，我知道您很忙，既然我已经来了，我就用十分钟时间和您聊聊车险，您再决定现在购买还是过两天再购买。
投保	4.先生，您购买了车后肯定要上路行驶，如果没有买保险，万一出了什么情况，是得不到任何理赔的。

续上表

承保名词	推 介 术 语
投保	5. 我现在主要是想让您了解在我们4S店投保的好处。您如果选择在我们店买保险,可以在车出险的情况下不花钱修好车,并且还在维护和维修方面享受优惠和优先。 6. 女士,非常感谢您选择我们4S店进行投保。
核保	7. 为保障您的权益和改善我们的服务,我现在和您确认一下保单的全部信息,另外提醒您,本次通话是有录音的。 8. 您投保的交强险、商业险和被保险人及行驶证车主都是您本人,您的身份证号是662303193201014647。 9. 您的交强险保额是120000,保费是950元,车损险保额是100000元,保费是1250元。第三者责任险保额是100000元,保费是710元。 10. 我们提醒您,酒后驾车及参加违法活动造成的损失不属于保险公司赔偿的范围。 11. 刘女士,核保后我们可以为您出单,在您缴费后,保单的生效日期是2014年7月1日00:00时至2015年7月1时24:00时止,保险期限为一年。 12. 您按照保费金额缴费后我们会把正式的发票和保单送到您手中。 13. 我们提醒您,请您认真核对保单上的信息及承保内容,确认无误后请您签字付款。
缮制及签单	14. 2011年4月1日起,商业险费率系数1年未理赔,费率系数0.665。 15. 刘女士,1年内有理赔1次,费率系数0.76,1年内有理赔2次,费率系数0.798。 16. 刘女士,您很有亲和力,也很健谈,和您交谈让我感觉非常愉快。

续上表

承保名词	推 介 术 语
缮制及签单	17. 您看，选择一家售后服务质量很好的4S店投保是很重要的，不是吗？ 18. 刘女士，您看您大老远来一趟多不容易，您今天就把这个单给签下来吧，也省去日后的麻烦。 19. 不要犹豫了，我帮您出单吧。
批改	20. 先生，请问您今天过来要办理什么业务？ 21. 先生，您要求退保吗？请您填写车险批改申请书。 22. 请您提交需要批改的资料，我们会尽快为您好办理批改事宜。
续保	23. 您好，请问是李女士吗？ 24. 您好，我是现代汽车4S店的续保顾问林萧。 25. 我们想提醒您，您有一辆车牌为桂AJH365车，车险将于这周星期五到期了，您看您能抽个时间到我们公司来吗？我给您办理续保手续。 26. 今年的商业险可以打个6.5折的最低优惠。并且在我们店办公续保可以获得更好的售后服务，出险时我们出面帮您联系保险公司让您理赔无忧，并协助您办理理赔手续。 27. 那么您今年的险种需要变动吗？如何按照去年的险种，今年的保费为3680元。 28. 那我先给您购买保险吧，您来了就可以直接交钱了。 29. 麻烦您重复一下车主的身份证号码和具体的车辆类型。 30. 为了准确出单，我们再一次核对您身份证号码等重要信息。 好的，我都记下来了，您今年投保的保费是3680元，请您尽快抽时间到公司来交续保费。

续上表

承保名词	推 介 术 语
续保	

(三)篇

任务: 和同桌分角色扮演,进行对话模拟练习。

资料:

流程步骤	术 语 举 例
1. 填写《投保单》前	林萧:"欢迎您到中国人民保险公司投保!" 顾客:"我现在要填写《投保单》吗?" 林萧:"在您填写本投保单前请先详细阅读我公司的机动车辆保险条款,阅读条款时请您特别注意各个条款中的保险责任、责任免除、投保人、被保险人义务等内容并听取保险人就条款(包括责任免除条款)所做的说明。" 顾客:"好的!" 林萧:"您在充分理解条款后,再填写本投保单各项内容。为了合理确定投保车辆的保险费,并保证您获得充足的保障,请您认真填写每个项目,确保内容的真实可靠。" 顾客:"好的!" 林萧:"您所填写的内容我公司将为您保密。本投保单所填写内容如有变动,请及时到我公司办理变更手续。"
2. 指引填写《投保单》并说明	林萧:"请按要求填写《投保单》,您需要填写如下信息:投保人名称、特别约定。" 顾客:"好的。" 林萧:"请您在填写完上述内容后,在'投保人签章处'签章,并填写投保日期,谢谢!"
3. 查验车辆相关说明	林萧:"我们现在需要对您的车辆进行查验,需要查验您车辆的牌照号码、发动机及车架号码是否与行驶证记录一致;车辆技术状况是否符号运行条件;是否配备消防、防盗设施;有否附加设备;车身有否破坏等,请稍等!" 顾客:"好的!"

续上表

流程步骤	术 语 举 例
4.计算及说明保费:(以新车全保保费计算为例)	林萧:"请您看一下报价单,我们建议您购置的险种搭配是:交强险+第三者责任险+车辆损失险+机动车盗抢险+玻璃单独破碎险+车上人员责任险+车身划痕损失险+不计免赔特约险。" 顾客:"好的。" 林萧:"现在帮您算一下保费,您的新车购置价格是105000元,车的保费一共是4469元,其中交强险是950元,商业险是3519元。您在我们保险公司投保,我们可以为您打9折优惠,最后您的保单费用是4022元。" 顾客:"好的,谢谢!"

(四)景

任务:

(1)能根据任务描述设计保险专员与客户之间的对话。

(2)能运用服务口语与普通话表达技巧,结合服务礼仪完成接待任务。

资料:

王女士听了林萧的建议后,今天到店准备给她那辆刚入手的市场价19万元的索纳塔八购买全险,请你以林萧的身份根据情景和承保流程设计服务接待用语,并结合礼仪接待规范进行现场展示。

任务分解:

(1)分组讨论、设计林萧与王女士之间的谈话。

(2)将对话设计写在下面。

_____

_____

_____

_____

_____

(3)明确组员角色与任务分工。

角 色	任 务	分工方案1	分工方案2	分工方案3
林萧	扮演角色			
王女士	扮演角色			
记录员1	跟踪记录场景展示过程并点评			
记录员2	跟踪记录场景展示过程并点评			
摄像员	拍摄图片、视频			
观察员	观察组员并作点评			

(4)各小组选出本组最佳"林萧与客户",代表本组展示对话情景,接受各组检阅。
(5)各组推举出本次任务中表现最佳的"林萧与客户",并阐述推举理由。
推举理由:_____
_____
_____
_____

五、任务评价

项　目	评　价　内　容	个人评价 (符合评价内容打"√")	小组评价 (符合评价内容打"√")
专业能力 评价	语音清晰,能让人听得清楚		
	语调饱满,能让人听出语气的变化		
	语速适中,能控制节奏的快慢		
	停连得当,能用流利的语言进行表达		
	能运用肢体语言进行表达		
专业能力评价等级(5、4个"√"—A,3、2个"√"—B,1、0个"√"—C)			
关键能力 评价	能遵守纪律,服从安排		
	能配合小组进行讨论学习		
	能完成对话设计		
	能主动扮演角色或担负任务		
	能在对话设计或展示中有所创新		
	能在学习、展示中找到乐趣		
	能维护活动场所的干净整洁		
	具备安全意识		
关键能力评价等级(8、7、6个"√"—A,5、4、3个"√"—B,2、1、0个"√"—C)			
个人成长 评价	1.在本次任务完成的过程中,我的优点是:_____		
	2.在本次任务完成的过程中,我取得的进步有:_____		
	3.在本任务学习中,我遇到的困难是:_____		
	4.下一阶段我的目标是:_____		

六、任务拓展

(一)绕口令练习

(1)粉红墙上画凤凰,红凤凰,粉凤凰,粉红凤凰,花凤凰。

(2)你会炖炖冻豆腐,你来炖我的炖冻豆腐;你不会炖炖冻豆腐,别胡炖乱炖炖坏了我的炖冻豆腐。

(3)美味佳肴:山中走兽云中燕,陆地牛羊海底鲜,猴头燕窝鲨鱼翅,熊掌干贝鹿尾尖,外加烧黄二两酒。

(4)一班有个黄贺,二班有个王克,黄贺、王克二人搞创作,黄贺搞木刻,王克写诗歌。黄贺帮助王克写诗歌,王克帮助黄贺搞木刻。由于二人搞协作,黄贺完成了木刻,王克写好了诗歌。

(二)语言技能训练

老师朗读一个故事(或放录音),请你边听边记录要点,听后稍加整理,再给予清晰有条理的表述。

(三)话题训练

"说说体育锻炼的好处",时间限定3分钟。

学习任务4　汽车保险理赔

学习过程

一、任务描述

一个月的时间很快过去了,林萧在接待顾客时越来越专业和熟练了,信任他并找他投保的顾客也越来越多。单位其他同事也对这个聪明、勤快、有礼貌的小师弟刮目相看。这天,他正在整理资料,突然看见唐经理和同事李达朝他走来,林萧赶忙迎上去。唐经理对他说:"林萧啊,从今天开始,安排你接手保险理赔的工作,这是你李达师兄,我们公司的业务尖子,不懂的地方你要向师兄好好学习啊!"林萧赶忙握住李达的手说:"请师兄多多关照!"李达笑着对经理说:"经理放心!我一定带好这个小师弟!""林萧,走吧!我带你先熟悉一下保险理赔的流程。"

告别经理后,林萧向李达请教道:"师兄,汽车保险理赔是说被保险机动车辆在发生保险责任范围内的损失后,保险人依据汽车保险合同的约定,验证事故事实、确定事故损失、审核赔偿范围、最终赔出赔款的过程,对吗?"李达笑着拍了拍他的脑袋,说:"理论知识学得不错,但最关键的是要学会当顾客对他的爱车进行保险理赔时,我们怎么向他提供优质、专业的服务。小师弟,我们慢慢来!"

二、任务目标

完成此项任务后,你应当:

(1)能够对出险顾客进行电话询问并记录。
(2)能够对出险顾客进行指导。
(3)能够了解车辆理赔流程。

三、任务准备

(1)活动场地准备:汽车维修实训室,适合学生分小组开展讨论及理赔工作情景展示。
(2)设施设备准备:多媒体设备、工作电脑、电话机、外观有明显碰撞痕迹的汽车、相机、交通事故认定书、保险各类单据及凭证。
(3)学生课前准备:普通话学习工具书、学生职业套装、学生课前预习课本,上网了解汽车保险理赔知识。

四、任务实施

(一)词

任务:

(1)请给加点的词注音。
(2)请准确读出以下词语的读音。
(3)请猜想它们的含义。

资料:

声母		
	唇音:b p m f	报案 勉强 描述 摸底 费解 配合 表达 放任 否定 漠视
	舌尖中音:d t n l	制定 单方 停放 当事 年限 承诺 通用 鉴定 灵活 调解
	舌根音:g k h	快速 恢复 怠工 回执 或许 夸大 框架 构建 工位 豁达
	舌面音:j q x	协商 欺瞒 简易 轻度 拒赔 取证 绝对 牵涉 信函 积极
	舌尖后音:zh ch sh r	追尾 主动 双方 车主 抄查 仲裁 守信 查阅 人为 荣誉
	舌尖前音:z c s	材料 迅速 作业 碰瓷 索赔 控诉 残值 一次 追责 搜索

续上表

韵母	开口呼：-i（前） -i（后） a o e er ai ei ao ou an en ang eng	维修 认定 争议 邮寄 追加 正常 代查 摘要 办事 哽咽
	齐齿呼：i ia ie iao iou ian in iang ing	贬值 校验 施救 变动 骗保 流动 连环 掉下 裂缝 戛然
	合口呼：u ua uo uai uei uan uen uang ueng ong	原始 状态 伪劣 同等 围绕 原则 过错 推定 多方 关怀
	撮口呼：ü üe üan ün iong	准确 阅历 局面 虚报 炫耀 迂回 雄伟 距离 比率 省略

（二）句

任务：

（1）请准确读出保险理赔专业术语。

（2）两人作为一组互相进行保险理赔话术演练。

资料：

受理报案	1. 您好，中国人民保险公司，请问有什么可以帮您的吗？ 2. 请问您的车牌号是多少？ 3. 请问被保险人是刘涛吗？ 4. 请问出险时间，出险地点，驾驶员姓名？ 5. 请问是否本人开车？ 6. 请问事故经过，请问是否已报交警？ 7. 请问是否有人受伤？ 8. 请您不要将车辆驶离现场，稍后我们公司会派工作人员和您联系。 9. 请问您还有其他问题吗？ 10. 感谢您的致电，再见。  
现场查勘	11. 您好，请问是刘先生吗？我是中国人民保险公司的查勘员，受公司委派负责您这次事故的现场查勘工作。 12. 您好，请问您的车目前在什么地方？我现在在杭州路，估计要九点钟才能赶到，请不要移动现场好吗？

续上表

现场查勘	13. 您好,如果交警已到,可让交警先处理,我随后就到。 14. 您好,我是华安保险公司的现场查勘员,请问哪位是刘先生呢? 15. 您好,刘先生,我是人民保险公司的现场查勘员林萧,这是我的名片,这是我的同事小李,现在由我们来帮你处理这个事故。请您描述一下出险经过好吗? 16. 麻烦您提供一下驾驶证、行驶证、保险单给我们拍照。 17. 刘先生,接下来我们要填写资料并对现场进行拍照,然后再指引您如何索赔。 18. 这是我们对本次事故损失初步的查勘结果,请您仔细核对,如核对无误,请您在估损单上签字。 19. 请您在规定的时间内将驾驶证、行驶证原件、保单复印件、被保险人身份证复印件、修车发票、交警证明交到我公司理赔部办理理赔手续。 20. 多谢您的配合,若有疑问请您拨打名片上的电话与我联系。  
理赔办理	21. 对不起,让您久等了,请问您是要办理车险理赔吗? 22. 您好,我是人民保险公司理赔部的林萧,您的理赔业务由我来处理,有些问题需要与您核实一下。 23. 这是索赔申请书,请逐项填写,有不清楚的地方,我可以向您解释。 24. 麻烦出示您的行驶证、驾驶证及保险单,我们要进行复印。 25. 您好,根据保险条款及您与我公司签订的保险合同规定,您的保险属于不足额投保,需按比例赔偿车辆的损失。 26. 请您提供用您本人身份证开办的银行卡号,手续办好后理赔款就能直接打到您银行卡的账号上了。 27. 请您把车开到指定的修理厂进行修理,喷漆时间大概需要三个工作日,到时我们的工作人员会电话通知您来取走您的爱车的。 28. 您好,我是人民保险公司理赔部的林萧,修车款已经打到您本人的银行账户上了,请您核对一下好吗? 29. 先生,您好的车已经喷好漆了,您什么时候方便过来提取? 30. 您好,我是现代汽车4S店理赔部的林萧,修车款已经打到您本人的银行账户上了,请您核对一下好吗?

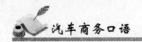

续上表

| 理赔办理 |   |

(三)篇

任务:

(1)请读出并了解案例。

(2)和同桌分角色扮演,进行对话模拟练习。

汽车划痕险案例

一天下午,张先生在为自己的爱车洗车时发现,自己的爱车车尾不知什么时候有了两处明显的油漆损伤,面积虽然不是很大,可是却影响了汽车的美观,而且还可能引起车身生锈。因为刘先生投保了汽车划痕险,于是他立即拨通了保险公司的电话。

①接听报案电话

林萧:"您好!中国人民保险公司,我是理赔顾问林萧,请问有什么可以帮到您的吗?"

顾客:"我刚洗了个车,结果洗完发现车身有几处划痕。"

林萧:"请问您的车牌号是多少?"

顾客:"桂 A12345。"

林萧:"请问被保险人是张强吗?"

顾客:"是的。"

林萧:"您的保单号是 PDAA2013340103000000001,对吗?"

顾客:"对的。"

②询问出险信息并进行指导

林萧:"请问驾驶员姓名?"

顾客:"我叫张强。"

林萧:"张先生,您好!请问您在什么时间,在哪发现的呢?"

顾客:"今天下午3点我到洗车店给车做了个清洗,洗完后,就发现车尾部有两处明显的油漆损伤。"

林萧:"请问您现在的具体位置?"

顾客:"我在明秀东路明秀东市场对面。"

林萧:"好的,我重复一下您的报案信息,张强先生,您于今日下午3点在洗车店洗车后发现车尾部有两处油漆损伤,是这样吗?"

— 102 —

顾客:"是的。"

林萧:"好的,我们会派人到现场协助处理,请您保持电话畅通,一会有人和您联系,请您稍等一会儿。"

顾客:"好的。"

③到达现场前联系客户及现场查勘

(到达现场前联系客户)

李达:"您好,请问是张先生吗?"

顾客:"是的。"

李达:"我是人保的现场勘测员李达,负责协助您处理本次事故。请问您的车目前在明秀东路明秀东市场对面吗?"

顾客:"是的。"

李达:"我目前在东葛路,估计15分钟赶到。"

顾客:"好的!"

(现场查勘)

李达:"您好,我是人保的现场勘测员,请问哪位是张先生?"

顾客:"我是!"

李达:"您好,张先生,我是人保的现场勘测员李达,这是我的名片,这是我的同事小林,现在由我们来帮您处理这个事故。请您描述一下事情经过好吗?"

顾客:"今天下午我洗了个车,结果发现车尾部有两处漆伤,你看,就是这里。然后我就给你们打了电话。"

李达:"麻烦您提供一下驾驶证、行驶证、保险单给我们拍照。"

顾客:"好的,给你!"

李达:"张先生,接下来我们要填写资料并对现场进行拍照,然后再指引您如何索赔。"

顾客:"好的!"

李达:"请您到时将驾驶证、行驶证原件、保单复印件、被保险人身份证复印件、修车发票交到我公司理赔部办理理赔。"

顾客:"好的。"

④理赔办理

林萧:"您好,请问您需要办理什么业务?"

顾客:"我想进行车险索赔。"

林萧:"请您先取受理号。"

顾客:"好的。"

林萧:"对不起,让您久等了,我是人保公司理赔部的林萧,您的索赔业务由我来处理,有些问题需要与您核实一下。"

顾客:"好的。"

林萧:"请问您是要办理车险索赔吗?"

顾客:"是的。"

林萧:"您好,根据保险条款及您与我公司签订的保险合同规定,您的保险属于足额投保,我们对您车辆的损失进行全额赔付。"

顾客:"嗯。"

林萧:"这是索赔申请书,请逐项填写,有不清楚的地方,我可以向您解释。"

顾客:"好的。"

林萧:"我公司可提供转账支付,请您填写《转账支付授权书》,赔款会直接打入您的账户上。"

顾客:"谢谢!"

林萧:"不客气,请您慢走。"

(四)景

任务:

(1)能根据任务描述设计保险专员与客户之间的对话。

(2)能运用服务口语与普通话表达技巧,结合服务礼仪完成电话接待任务。

资料:

作为专营店保险代办业务员的你,一日接到王女士的报案电话,据了解她的车与另一辆车发生碰撞,有人受伤,作为保险业务员的你,如何进行信息问询及指导?请你以林萧的身份根据情景和对汽车保险理赔工作的了解,设计服务接待用语,并结合礼仪接待规范进行现场展示。

任务分解:

(1)分组讨论、设计林萧与王女士之间的谈话。

(2)将对话设计写在下面。

_____

_____

_____

_____

(3)明确组员角色与任务分工。

角色	任务	分工方案1	分工方案2	分工方案3
林萧	扮演角色			
王女士	扮演角色			
记录员1	跟踪记录场景展示过程并点评			
记录员2	跟踪记录场景展示过程并点评			
摄像员	拍摄图片、视频			
观察员	观察组员并作点评			

(4)各小组选出本组最佳"林萧与客户",代表本组展示对话情景,接受各组检阅。
(5)各组推举出本次任务中表现最佳的"林萧与客户",并阐述推举理由。
推举理由:_____
_____
_____
_____

五、任务评价

项目	评价内容	个人评价 (符合评价内容打"√")	小组评价 (符合评价内容打"√")
专业能力评价	语音清晰,能让人听得清楚		
	语调饱满,能让人听出语气的变化		
	语速适中,能控制节奏的快慢		
	停连得当,能用流利的语言进行表达		
	能运用肢体语言进行表达		
专业能力评价等级(5、4个"√"—A,3、2个"√"—B,1、0个"√"—C)			
关键能力评价	能遵守纪律,服从安排		
	能配合小组进行讨论学习		
	能完成对话设计		
	能主动扮演角色或担负任务		
	能在对话设计或展示中有所创新		
	能在学习、展示中找到乐趣		
	能维护活动场所的干净整洁		
	具备安全意识		
关键能力评价等级(8、7、6个"√"—A,5、4、3个"√"—B,2、1、0个"√"—C)			
个人成长评价	1.在本次任务完成的过程中,我的优点是:_____		
	2.在本次任务完成的过程中,我取得的进步有:_____		
	3.在本任务学习中,我遇到的困难是:_____		
	4.下一阶段我的目标是:_____		

六、任务拓展

(一)绕口令练习

(1)石、斯、施、史四老师,天天和我在一起。石老师教我大公无私,斯老师给我精神食粮,施老师叫我遇事三思,史老师送我知识钥匙。我感谢石、斯、施史四老师。

(2)我们要学理化,他们要学理发。理化理发要分清,学会理化却不会理发,学会理发却不懂理化。

(3)报菜名压桌碟:四干四鲜四蜜饯、四冷荤三个甜碗四点心。四干就是黑瓜子、白瓜子、核桃蘸子、糖杏仁儿。四鲜,北山苹果、申州蜜桃、广东荔枝、桂林马蹄。四蜜饯、青梅、橘饼、圆肉、瓜条。四冷荤,全羊肝儿、熘蟹腿、白斩鸡、炸排骨。三甜碗,莲子粥、杏仁儿茶、糖蒸八宝饭。四点心,芙蓉糕、喇嘛糕、油炸荟子、炸元宵。

(4)七加一,再减一,加完减完等于几? 七加一,再减一,加完减完还是七。

(二)语言技能训练

请以下列几个物件作为连缀的触媒,发挥想象力,感悟某种事理,说一段有一定内容的话。

(1)一封信、遥控器、葡萄干;
(2)电池、暴雨、香烟;
(3)雪花、身份证、饼干;
(4)数学、春节、护照。

(三)话题训练

"网恋之我见",时间限定3分钟。

学习任务5　汽车保险营销中的抗拒处理

 学习过程

一、任务描述

林萧经过几个月的磨炼,现在已经能够独立完成顾客接待、保险理赔的相关工作,唐经理对他赞赏有加。但是摆在他面前的还有一个难题,那就是:保险推销。这项工作是保险业务员必须要做的而且和工作业绩密切相关,同时也是难度最大的一项工作,因为业务员在推销车险产品时,顾客通常会采取防御的姿态,业务员在与顾客沟通中,经常会遇到顾客的拒绝,原因多种多样,形式也各有不同。这需要汽车保险业务员有较强的沟通能力。在唐经理充满期待和鼓励的眼神中,林萧再一次信心满怀地投入到新的挑战中……

二、任务目标

完成此项任务后,你应当:
(1)能够面对顾客抗拒时保持良好心态。
(2)能够对及时对顾客抗拒做出有效反应。
(3)能够积极化解顾客疑虑,让顾客认同你。

三、任务准备

(1)活动场地准备:将课桌分成4~6人为一小组,预留学生展示空间。
(2)设施设备准备:顾客接待洽谈桌、茶具、工作电脑、电话、推销车险的视频。
(3)学生课前准备:普通话学习工具书;学生职业套装、接待人员仪容仪表技能标准、保险接待礼貌用语、学生课前预习课本。

四、任务实施

(一)词

任务:
(1)请给加点的词注音。
(2)请准确读出以下词语的读音。
(3)请找出以下读轻声的词语。

资料:

声母	唇音:b p m f	分析 必要 纠纷 疲劳 膨胀 放心 烦琐 保障 麻烦 拼车
	舌尖中音:d t n l	理由 利用 透彻 逆行 抵消 拖拉 投资 耐心 理顺 祈祷
	舌根音:g k h	关键 沟通 认可 亏损 合资 回报 忽视 开发 困境 停靠
	舌面音:j q x	雄厚 协助 享用 技能 健全 激烈 陷入 紧急 救援 巨额
	舌尖后音:zh ch sh r	人情 转让 实力 争取 认同 热情 真诚 常识 认知 坚韧
	舌尖前音:z c s	遭遇 噪声 增援 凑巧 满足 促进 挫折 采购 死亡 骚动
韵母	开口呼:-i(前) -i(后) a o e er ai ei ao ou an en ang eng	扬长 承受 着手 任务 意外 返佣 抗拒 偶尔 黯然

续上表

韵母	齐齿呼：i ia ie iao iou ian in iang ing	行情 悠然 平摊 收敛 隐患 酝酿 营销 限制 解决 磨炼
	合口呼：u ua uo uai uei uan uen uang ueng ong	快捷 转嫁 努力 环节 团队 晃动 多余 温馨 回笼 唯一
	撮口呼：ü üe üan ün iong	劝阻 需要 全保 旅行 安全 拒绝 缺失 居住 穷尽 竣工

（二）句

任务：

(1) 请用自然、流畅的语言读出以下语句。

(2) 两人一组互相进行术语演练。

资料：

问 题	抗拒处理术语
你是怎么知道我的信息的	1. 李小姐，非常感谢您接听我的电话，您看刚好我们这边正举办车险优惠活动，我给您作个介绍，您也可以做个参考。
我在忙着呢	2. 好的，那么我晚点再给您电话，到时候把优惠的价格报给您。先不打扰您了，再见。 3. 我只需要耽误您两三分钟时间，为您算个优惠的价格，您好可以做个参考。 4. 那么我晚些时候再和您联系，您看方便吗？
我已经买了保险	5. 那您家人、朋友有车吗？在我们这办理的车险比其他渠道优惠很多，我也可以帮他们算个价格，让他们多享受保费优惠。
我不想换保险公司	6. 我能理解。但是我们公司保费优惠，办理之后的事情只需您一个电话，我们就能帮您处理，省钱又省事。您可以做个比较，您今年打算投保哪些险种，我马上给您报个价格。
又是保险公司，你们烦不烦	7. 先生，对于今天打扰您我很抱歉，您看既然已经给您打电话了，我就耽误您两分钟时间帮您算个价格，您先参考一下，不买没关系，您就当了解一下车险行情，可以吗？  

续上表

问　　题	抗　拒　处　理　术　语
没心情考虑买保险,过段时间再说	8. 先生,车险是每位车主都要买的,要考虑的无非是价格和服务。价格方面您放心,我给会您优惠的。其实最重要的还是理赔服务质量好不好,你看对吧?
已买了交强险,没必要再买商业车险	9. 当然需要啊,商业车险比交强险所保障的范围更广,赔偿额度更高。 10. 从赔偿额度来看,交强险只能覆盖轻微事故的最基本赔偿,额外的赔付金额还需要商业保险来承担。
我买了交强险,再买第三者和车上人员险不重复吗	11. 当然不是。很多时候交强险赔偿的限额是不够的,第三者责任险是对交强险的一个补充,而车上人员责任险主要保障的是本车的驾驶员和乘客。
这个险种不用买了吧	12. 先生,行驶时被其他东西弹到玻璃破碎的情况时有发生。如果不及时进行更换,会影响美观和安全,但是换一个风窗玻璃价格不便宜。这个险种才×××元,您可以考虑买一个。
小事故找保险公司索赔不划算	13. 车辆续保时,保险公司会根据上一年度该车有无出险记录,来确定本年度承保的优惠系数。如果事故的赔偿限额不高的话,我建议您自行处理,以免影响一下年度保费的优惠。
你们的保费怎么比别家公司贵呀	14. 先生,那您看是不是需要我在险种上给您做调整呢?您别误会,我不是说您支付不起这几千元的保费。我们保费定价是因为我公司的服务质量好,在服务上我们占有很大的优势。 15. 您买车一定经过精挑细选吧,您肯定也很爱惜您的车,那么给您的爱车买保险,您当然也要选择最好的吧。 16. 我们的服务您可以放心,而且我们电话投保又有专人为您全程服务,让您省时省力,绝对是物有所值。那您看这些险种可以吗?
电话营销保费打七折,比你们的便宜	17. 您说的电话销售价格是便宜了些,但服务是有很大的区别。 18. 保险电话营销虽然可以给你打折,有价格优惠,但服务承诺没我们到位。我们公司是4S店,可以提供事故紧急救援、快速定损、协助处理交通事故等多项免费服务。 19. 您的朋友也在我们这里续保,他认为在我们这里续保放心、省心,所以就把您介绍给我们。请把您的信息介绍给我,我帮您报个价好吗?稍后我联系您。

续上表

问　　题	抗 拒 处 理 术 语
在店里续保保费太贵了	20. 外面的报价是否包含有不计免赔险？如果事故发生后您必须自行负担一部分赔款,保险公司需赔付的金额减少了,保费自然会便宜。而我们销售店向您推荐的保险,保证您在出险之后不会有自行负担的费用发生。 21. 我们店为您提供保险一站式服务,特别有代办索赔的服务。事故发生后,您只要交齐资料,与保险公司交涉的事由我们公司来代理,能节约您宝贵的时间。 22. 我们店里的零件是高品质的,并且修车全程透明化操作,并且零部件的价格也能得到保险公司的认可。
我看不懂你们的报价	23. 您对这份报价单有任何疑问,随时可以打电话给我,或您可以亲自来店里我当面为您解答。
我没钱	24. 先生,您真幽默,您看保险是每个车主都必须买的,您之前肯定也做了支出准备。现在我们有个优惠活动,非常适合续保的客户。我帮您登记一下信息,明天保单就能给您送过去。 25. 先生,所以我们才要借助保险的力量去转化风险,如果出险时恰巧遇到资金周转不过来,也没购买保险,别说能不能借到钱,到时我们都得用房和车变卖来拿来应对意外,我想这是大家都不愿意看到的。
理赔服务没有投保时说的那么好	26. 看您是一个非常细心的人,而且您的担心也是必要的。不过通过我们这里投保的话这些顾虑可以抛在脑后。 27. 先生,我们有专业的车险服务团队,协助处理交通事故事宜和保险案定损,全程代办理赔手续,您完全可以放心,您看没有问题的话我就给您办理吧。
你们的保险理赔有哪些优势呢	28. 我们是4S店,有原厂的零配件和完善的售后服务,可以保证我们维修和服务质量。 29. 我们和各大保险公司长期合作,保险公司在理赔定损的时候我们可以协助客户,快速定损。 30. 先生,保险公司购买的保险得到的利益都是一样的,唯有超增值的服务才能真正带给客户附加的价值,这点我们公司做得很好。

续上表

问 题	抗 拒 处 理 术 语
你们的保险理赔有哪些优势呢	

(三)篇

任务：

和同桌分角色扮演，进行对话模拟练习。

资料：

(1)顾客对车险报价不满意，希望能优惠。

顾客："你给我报的价格怎么这么高？能打个折吗？"

林萧："王小姐，您别着急，先喝口水，严格来讲，根据中国保险监督管理委员会的规定，随意对保费进行打折是属于明令禁止的行为。当然，我会告诉您怎样合理合法地削减保费开支，因为有的保险公司提供风险系数折扣，所以我们可以根据您的预算为您量体裁衣，调整保费。另外，现在恰逢4S店和我们联合搞活动，可以赠送您4L的机油，这样算下来是不是很优惠了啊？"

顾客："哦，这样啊，那还可以，我考虑一下吧！"

(2)顾客有朋友在保险公司，所以想在朋友那投保。

顾客："我刚好有朋友在保险公司，准备去他那买，应该会优惠一些。"

林萧："陈先生，说实在话，我们店是直接与4S店合作的，您在我们店投保，就可以非常便捷地享受这个品牌整体配套的售后服务及专业的维修技术。"

顾客："你的意思是，如果出险，我不用垫付钱，在4S店里修好后直接就可以提车了是吗？"

林萧："是啊！所以说在我们店投保维修非常便捷啊！"

顾客："那挺不错的！"

林萧："而且我们都知道，最重的债是人情债，即使是保费较低，但要请朋友吃饭，价格也差不多。再说买保险打了折，您朋友的利润也就打了折。您也不想让您的朋友吃亏吧？"

顾客："有点道理！"

林萧："另外，您如果在我们店里投保，修理品质方面您完全不用操心，我们有24小时紧急救援机制，会为您提供最及时、最专业、最符合您需求的服务。"

顾客:"听起来挺不错的!那我就在你们这里买得了。"

(3)顾客目前只想先买交强险,其他的险种以后再说。

顾客:"我还没想好买什么险,先买个交强险吧,其他的以后再说。"

林萧:"先生,您先坐下来,听我跟您说,您如果只买交强险不保商业险,一旦发生事故,您的损失可就大了。"

顾客:"别说得那么吓人!"

林萧:"不是吓您,如果出现事故,交强险只能最多赔付财产损失2000元,当财产损失超过2000元的话,多出的那部分您就只能自掏腰包了。跟您举个例子,比如追尾这种事故,肯定是后车全责,如果我就是这个倒霉的后车只投保了交强险,前面车是个大奔,后杠坏了,还有4个雷达探头,损失1万多元,交强险只能赔偿2000元,自己要承担8000多元。多不划算啊!"

顾客:"也是!"

林萧:"而且今年对人命赔偿金额有所调整,以交强险人伤赔偿保额远远不够,如果出现较大的事故,将承担巨额的赔偿。因此建议您一定要选择商业险,这样才能对自己有个保障,我们买保险不就是想防患于未然吗,您说呢?"

顾客:"你说得很有道理,那我今天再买些商业险吧,你帮我介绍一下。"

(4)顾客反映他的车基本上就是在家和单位之间使用,丢车的可能性不大,所以不想购买盗抢险。

顾客:"我一般用车就是两点一线,家和单位都有停车位,丢车应该不会发生,所以这次我就不买盗抢险了。"

林萧:"李先生,相信您也有丢失自行车的经历吧?百元的自行车不慎丢失我们都会气愤、郁闷,如果一辆数万元的车发生丢失,给家庭带来巨大财产损失的同时哪个人心情会平静啊?而且丢东西这种事情谁都说不准,您说是吧?"

顾客:"我觉得应该不会那么倒霉吧?"

林萧:"看得出您还是有些不放心,对吧?有些客户说自己平时就是开车上班、回家,不会跑长途,因此不想购买盗抢险,我就必须让您清楚一个常识,所有的小区物业、收费停车场为客户提供的仅是一个停车的车位而已,如果车辆发生丢失他们完全不负责任。"

顾客:"这样啊!"

林萧:"如果您买了盗抢险,当车辆被盗窃、抢劫后,报当地公安机关经两个月未侦破,您就立即可以得到保险赔偿。举例说明一个10万元的车,保盗抢险仅需750元,保险期限为一年,平摊到365天,每天只需支付2元,还不足一次停车的费用,而您从此就可以高枕无忧了,再也不用担心楼下的车是否还在了。您说我们花钱不就图个放心嘛!"

顾客:"你这样一说,挺有道理的,那就买吧!"

(四)景

任务:

(1)能根据任务描述设计保险专员与客户之间的对话。

(2)能运用服务口语与普通话表达技巧,结合服务礼仪完成接待任务。

资料:

张先生今天到店让你为他估算一下全险的费用,在攀谈中你了解到他想换家公司进行续保,当你为他估算完保费后,他抱怨道:"你们的保险报价好贵,能不能优惠啊?"此时你该如何处理?请你以林萧的身份根据情景和你对汽车保险行业的了解设计服务接待用语,并结合礼仪接待规范进行现场展示。

任务分解:

(1)分组讨论、设计林萧与张先生之间的谈话。

(2)将对话设计写在下面。

_____

_____

_____

_____

_____

_____

_____

_____

(3)明确组员角色与任务分工。

角色	任务	分工方案1	分工方案2	分工方案3
林萧	扮演角色			
张先生	扮演角色			
记录员1	跟踪记录场景展示过程并点评			
记录员2	跟踪记录场景展示过程并点评			
摄像员	拍摄图片、视频			
观察员	观察组员并作点评			

(4)各小组选出本组最佳"林萧与客户",代表本组展示对话情景,接受各组检阅。

(5)各组推举出本次任务中表现最佳的"林萧与客户",并阐述推举理由。

推举理由:_____

_____

_____

_____

五、任务评价

项 目	评 价 内 容	个人评价 （符合评价内容打"√"）	小组评价 （符合评价内容打"√"）
专业能力评价	语音清晰，能让人听得清楚		
	语调饱满，能让人听出语气的变化		
	语速适中，能控制节奏的快慢		
	停连得当，能用流利的语言进行表达		
	能运用肢体语言进行表达		
专业能力评价等级(5、4个"√"—A，3、2个"√"—B，1、0个"√"—C)			
关键能力评价	能遵守纪律，服从安排		
	能配合小组进行讨论学习		
	能完成对话设计		
	能主动扮演角色或担负任务		
	能在对话设计或展示中有所创新		
	能在学习、展示中找到乐趣		
	能维护活动场所的干净整洁		
	具备安全意识		
关键能力评价等级(8、7、6个"√"—A，5、4、3个"√"—B，2、1、0个"√"—C)			
个人成长评价	1.在本次任务完成的过程中，我的优点是：_____		
	2.在本次任务完成的过程中，我取得的进步有：_____		
	3.在本任务学习中，我遇到的困难是：_____		
	4.下一阶段我的目标是：_____		

六、任务拓展

（一）绕口令练习

（1）隔着窗子撕字纸，一撕横字纸，再撕竖字纸，撕了四十四张湿字纸。

（2）娃挖瓦，娃挖蛙，娃挖瓦挖蛙，挖蛙挖出瓦。娃挖蛙，娃挖瓦，娃挖蛙挖瓦，挖瓦挖出蛙。

(3)知之为知之,不知为不知,是知也。不患人之不已知,患不知人也。何为可知呀。天不言自高,地不言自厚,人不言自能,水不言自流。金砖何厚,玉瓦何薄呀。

(4)老方扛着黄幌子,老黄扛着方幌子。老方要拿老黄的方幌子,老黄要拿老方的黄幌子,末了儿方幌子碰破了黄幌子,黄幌子碰破了方幌子。

(二)语言技能训练

试用一个词语或词组快速回答以下问题,每个问题1秒钟。

(1)你认为一般人最宝贵的品德_____ (2)你认为男人的最好品德_____

(3)你认为女人最值得珍重的品德_____ (4)你的特点_____

(5)你对幸福的理解_____ (6)你对不幸的理解_____

(7)你能原谅的缺点_____ (8)你最厌恶的缺点_____

(9)你讨厌的人_____ (10)你喜欢做的事_____

(11)你喜爱的诗人_____ (12)你喜爱的散文家_____

(13)你喜爱的英雄_____ (14)你喜爱的女英雄_____

(15)你喜爱的花_____ (16)你喜爱的颜色_____

(17)你喜爱的名字_____ (18)你喜爱的菜_____

(19)你喜爱的格言_____ (20)你喜爱的座右铭_____

(三)话题训练

"我们需要雷锋精神",时间限定3分钟。

学习项目4　二手车评估与销售

学习目标

★ 知识目标

了解二手车相关工作中涉及的词汇、句子,并能用普通话准确地表达出来。

★ 技能目标

能够结合礼仪动作、肢体语言及二手车评估、销售的情景,自然流畅地与客户进行沟通与交流。

★ 素养目标

能灵活运用礼貌用语、礼仪知识,培养良好的口语能力、团队协作意识、与人沟通的能力及部门间的协调能力。

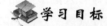

随着我国经济的快速发展和国内汽车市场的日渐繁荣,以及消费者消费观念的不断开放,二手汽车已经被大众乐于接受,近几年我国二手车市场交易量也屡创新高,整体呈现出良好的发展势头,市场前景可期,这也将给汽车商务从业人员在口语方面提出了更高的要求。

本项目主要从二手车评估接待、二手车评估、二手车价格、二手车销售四个模块,分析二手车评估和销售过程中需要使用到的一些词语、句子,旨在教会学生在二手车评估和销售过程中使用正确的术语。

建议课时

40课时

学习任务 1　二手车评估接待

学习过程

一、任务描述

近期二手车业务量增大,王蓉被临时借调到二手车评估部门负责二手车评估接待工作,但由于刚接手这边的工作,面对来做二手车评估的顾客该如何接待,又如何成功地将顾客介绍给评估师,王蓉有些把握不准。于是师傅方芳教授她一些二手车评估接待术语,并要求她明天结合常用的接待服务用语和礼仪技能,做好二手车评估接待工作。

二、任务目标

完成此项任务后,你应当能:
(1)对顾客来电做好记录、接听和邀约等相关工作。
(2)对顾客进行二手车评估店面接待。
(3)把二手车评估师介绍给顾客。

三、任务准备

(1)活动场地准备:将课桌布置成U形,适合学生开展小组讨论与展示。
(2)设施设备准备:接待台、电话、记录本、笔、名片、实训车辆、照相机等。
(3)学生课前准备:普通话学习工具书;接待人员仪容、仪表、仪态知识及技能标准;汽二手车评估相关资料。

四、任务实施

(一)词

任务:
(1)请给加点的字词注音。
(2)请准确读出以下词语的读音。

资料:

声母	唇音:b　p　m　f	保险费　评估　免费　避免　排量　附加费　拍照　安排　方案　法定证件
	舌尖中音:d　t　n　l	带齐　拟定　流通　特约店　使用年限　两类　来历　缴纳　机动车　登记证书
	舌根音:g　k　h	法规　号牌　合格标志　评估师　顾客　收购　车架号　委托合同　核查证件　评估目标

续上表

声母	舌面音：j q x	型号 检验 权利 协定 缴讫证 契约 车籍 静态 签署 经济合同
	舌尖后音：zh ch sh r	出示 试车 专家 生产厂家 出厂日期 税费 收拾 实物 购置税 行驶里程
	舌尖前音：z c s	次数 资产 彩照 参考 车身颜色 负责 资料 采用 作业表 拍照留存
韵母	开口呼：-i(前) -i(后) a o e er ai ei ao ou an en ang eng	车型 保险单 行驶证 二手车 安检 养路费 厂牌型号 安排 车主单位 维护
	齐齿呼：i ia ie iao iou ian in iang ing	交易 意向 大鉴定 底盘检查 业务 凭证 识伪标记 营运证 效劳 车辆情况
	合口呼：u ua uo uai uei uan uen uang ueng ong	服务 准备 权威 专业 动态 事故情况 接受委托 管理部门 委托书 车船使用税
	撮口呼：ü üe üan ün iong	需要 确认 觉得 法律 原则 基本程序 车主预约 原始情况 道路运输证 来电问询

(二) 句

任务：
请你结合礼仪知识，配合礼仪动作、肢体语言，自然流畅地说出以下话语。
资料：

电话预约	1.您好,我叫王蓉,这次负责您的二手车鉴定评估。 2.这里是北京现代南宁分公司,我是王蓉,能为您做点什么呢? 3.很高兴为您服务。 4.关于这个问题,我们需要看到现车才能更好地为您服务,很多客户都觉得我们特约店的二手车评估项目不错,要不您看我给您安排时间做一次免费评估怎么样? 5.您什么时候方便把您的爱车开过来,我们为您做一次全面、细致的二手车评估。 6.张女士,我们把时间定在这周三下午三点对您的车做评估,您的电话是13887889999,您看对吗? 7.张女士,谢谢您的预约,祝您工作顺利,再见!

续上表

电话预约	 
接待顾客给评估师	8. 您的车正好是属于我们认证车的范围，公司对置换认证有特别优惠，所以我们的收购价格可以高于市场的价格，您如果现在置换是特别划算的。 9. 我们最近正好推出了一项置换回购专案，公司对此期间置换的车辆有特别的优惠，收购的价格都可以高于市场价，您要是选择现在置换，是非常合算的。 10. 这位就是我门店的专业评估师——王伟，他可是国家认证的高级评估师，好多客户想换车都来找他评估。 11. 这位就是我们店的专业评估师——王伟，关于二手车方面他可是专家，我们店里这几年来的二手车都是他评估的。 12. 您好，我是这里的评估师王伟，接下来由我为您的爱车进行评估。  
核查证件	13. 为了更好地为您服务，在进行评估之前还需要检查核对您的证件。 14. 核查证件是检验被鉴定评估车辆的证件资料，这些资料包括法定证件和税费两类。 15. 请您出示您的相关证件。 16. 法定证件主要有机动车来历证明、机动车行驶证、机动车登记证书、机动车号牌、道路运输证、机动车安全技术检验合格标志等。 17. 根据《二手车流通管理办法》规定，二手车交易必须提供车辆购置税、养路费、车船税和车辆保险费等税费缴付凭证。 18. 机动车号牌是机动车取得合法行驶权的标志。 19. 养路费是交通管理部门规定车辆所有者在使用车辆所占道路应缴纳的费用。 20. 这些资料不知道您都带齐了没有？ 21. 不好意思，我没发现您的汽车保险单，请提供给我们好吗？

续上表

检查证件	 
介绍评估流程	22. 我们的评估分为静态、动态、试车、底盘检查四项。 23. 整个评估过程需要 35~45 分钟。 24. 我们在评估过程中可以为您进行一次免费的洗车。  
签订评估委托书	25. 小姐您好，在对您的二手车进行评估之前需要签订评估委托书。 26. 二手车鉴定评估委托书必须符合国家法律、法规和资产评估业的管理规定。 27. 二手车鉴定评估委托书是受托方与委托方对各自权利责任和义务的协定，是一项经济合同性质的契约。 28. 请您再仔细浏览下这份委托书。 29. 假如您没有疑问的话就请您在这里签字。 30. 您真是一个爽快人，感谢您对我们工作的配合。  

(三) 篇

任务：

一个人扮演王蓉或二手车评估师，一个人扮演张女士进行对话模拟练习。

资料：

(1) 王蓉：您好！这里是北京现代南宁分公司，我是王蓉，能为您做点什么？

张女士：我有一辆开了3年的名图，想了解一下你们店的二手车收购价格。

王蓉：请问女士贵姓？

张女士：我姓张。

王蓉：张女士很乐意为您服务，可是您刚才的问题还真把我难住了，关于二手车的价格问题我还真不在行。很多客户都觉得我们店的评估师非常专业，对他们帮助很大。相信您一定也希望能有一位专业的二手车评估师为您做一次专业的估价，您看我给您安排时间做一次免费的评估怎么样？

张女士：那也可以。

王蓉：张女士，那请问您什么时候方便把您的爱车开过来，我们好为您做一次全面、细致的评估。

张女士：我这周三下午有时间。

王蓉：张女士，那我们就把时间定在这周三下午三点，您看行吗？还有您的联系方式需要记录一下。

张女士：时间可以的，我的电话号码是13987889999。

王蓉：张女士，我确认一下，我们定在周三下午三点的时候，您的电话号码是13987889999，对吗？

张女士：是的。

王蓉：谢谢您的预约，祝您工作顺利，再见。

(2) 王蓉：女士您好，欢迎光临！我是这里的汽车销售顾问王蓉，您可以叫我小王，请问有什么可以帮到您？

张女士：哦，你就是王小姐？我是前几天和你约好今天下午三点来做二手车评估的张一。

王蓉：您好，张女士！张女士您可真守时，一看就知道您是位很讲原则的人。

张女士：王小姐过奖了。

王蓉：张女士，为了更好地为您服务，在进行评估之前评估师还需要了解评估车辆的基本信息，现在需要麻烦您和我共同完成评估收购意向客户管理卡的部分内容。

张女士：好的，没问题。

王蓉：张女士，填写时还需要检查核对您的证件，核查证件是检验被鉴定评估车辆的证件资料，这些资料包括法定证件和税费两类。

张女士：那它们具体包括哪些呢？

王蓉：不好意思，是这样的，法定证件主要有机动车来历证明、机动车行驶证、机动车登记证书、机动车号牌、道路运输证、机动车安全技术检验合格标志。还有根据《二手车流通管理办法》规定，二手车交易必须提供车辆购置税、养路费、车船税和车辆保险费等税费缴付凭证。不知道您都带齐了没有？

张女士：好的，这些资料我好像都带来了，你看下是不是这些？

王蓉:谢谢!不好意思,我没发现您的汽车保险单,请提供给我好吗?

张女士:哦,我好像落在车里了,我现在去拿过来。

王蓉:好的,那麻烦您了,我在这里等您过来。

(3)王蓉:张女士,非常感谢您配合我完成评估收购意向客户管理卡的填写。接下来您的爱车就要准备做评估了,让我为您介绍一下负责您爱车评估的评估师,您看可以吗?

张女士:好的。

王蓉:张女士,这位就是我门店的专业评估师王伟,他可是国家认证的高级评估师,好多客户想换车都来找他评估。

张女士:那挺好的。

王蓉:王伟,这位是来我们店做二手车评估的张女士,待会儿就要麻烦您为张女士的爱车做一次全面、细致的评估。

王伟:好的,这是我应该做的。

王蓉:张女士,那我现在就暂时离开,我就在那边,您有什么事都可以过来叫我。

张女士:好的。

(4)王伟:张女士,您好,我是这里的评估师王伟,接下来由我为您的爱车进行评估。

张女士:好的。

王伟:我们的评估分为静态、动态、试车、底盘检查四项。其中底盘检查要把车开到我们公司的整备车间上举升架检查。整个评估过程需要35~45分钟。您看您是跟着我们一起去呢,还是留在店里看看我们的车?

张女士:那我就在展厅里看看你们的新车吧。

王伟:请您把车里的贵重物品收拾下,希望您理解。

张女士:好的。

王伟:张女士,我们在评估过程中可以为您进行一次免费的洗车。不过因为车间里车比较多,如果洗车的话可能时间会稍长点。

张女士:反正我不赶时间,那洗洗吧。

王伟:好的,张女士,请您稍等。我这就去给您安排。

(四)景

任务:

(1)设计王蓉与客户之间的对话。

(2)结合礼仪接待规范进行现场展示。

资料:

张女士昨天已来店对二手车评估做了初步了解,今天再次来到店里准备对他的爱车做二手车评估,王蓉在核查张女士的证件时,发现他的证件没有带齐,王蓉现在需要设计服务接待用语,留住这位客户。

任务分解:

(1)分组讨论、设计王蓉与张女士之间的对话。

(2)将对话设计写在下面。

_____
_____
_____
_____
_____
_____

(3)明确组员角色与任务分工。

角　色	任　　务	分工方案1	分工方案2	分工方案3
陈晓	扮演角色			
张女士	扮演角色			
记录员1	跟踪记录场景展示过程并点评			
记录员2	跟踪记录场景展示过程并点评			
摄像员	拍摄图片、视频			
观察员	观察组员并作点评			

(4)各小组选出本组最佳"王蓉与客户",代表本组展示对话情景,接受各组检阅。
(5)各组推举出本次任务中表现最佳的"王蓉与客户",并阐述推举理由。
推举理由：_____
_____
_____

五、任务评价

项　目	评　价　内　容	个人评价 (符合评价内容打"√")	小组评价 (符合评价内容打"√")
专业能力评价	1.语音清晰,能让人听得清楚		
	2.语调饱满,能让人听出语气的变化		
	3.语速适中,能控制节奏的快慢		
	4.停连得当,能用流利的语言进行表达		
	5.能运用肢体语言进行表达		
专业能力评价等级(5、4个"√"—A,3、2个"√"—B,1、0个"√"—C)			

续上表

项 目	评价内容	个人评价 (符合评价内容打"√")	小组评价 (符合评价内容打"√")
关键能力评价	6.能遵守纪律,服从安排		
	7.能配合小组进行讨论学习		
	8.能完成对话设计		
	9.能主动扮演角色或担负任务		
	10.能在对话设计或展示中有所创新		
	11.能在学习、展示中找到乐趣		
	12.能维护活动场所的干净整洁		
	13.具备安全意识		
关键能力评价等级(8、7、6个"√"—A,5、4、3个"√"—B,2、1、0个"√"—C)			
个人成长评价	1.在本次任务完成的过程中,我的优点是:_____ _____ 2.在本次任务完成的过程中,我取得的进步有:_____ _____ 3.在本任务学习中,我遇到的困难是:_____ _____ 4.下一阶段我的目标是:_____ _____		

六、任务拓展

(一)绕口令练习

(1)黑化肥发灰,灰化肥发黑。黑化肥发黑不发灰,灰化肥发灰不发黑。

(2)九与酒九月九,九个酒迷喝醉酒。九个酒杯九杯酒,九个酒迷喝九口。喝罢九口酒,又倒九杯酒。九个酒迷端起酒,"咕咚、咕咚"又九口。九杯酒,酒九口,喝罢九个酒迷醉了酒。

(3)山前有个严圆眼,山后有个严眼圆,二人山前来比眼,不知是严圆眼的眼圆,还是严眼圆比严圆眼的眼圆。

(4)出东门、过大桥、大桥底下一树枣、红得多、绿的少、拿根竹竿来打枣、一颗枣、二颗枣、三颗枣、四颗枣、五颗枣、六颗枣、七颗枣、八颗枣、九颗枣、十颗枣、九颗枣、八颗枣、七颗枣、六颗枣、五颗枣、四颗枣、三颗枣、二颗枣、一颗枣、一口气说完才叫好!

(二)语言技能训练

成语速接训练。开头者先说一个成语,第一位速接者以开头者那句成语的末尾字的字音(或谐音)为自己说的成语的首字字音,余者类推。如果到谁那里卡了壳,就罚谁出个小节目(讲笑话、背古诗、讲故事等)。

(三)话题训练

请你谈谈"我最尊敬的人",时间限定3分钟。

学习任务2　二手车评估

学习过程

一、任务描述

接待员王蓉经过努力,已经做好了二手车的评估准备工作。今天她将向评估师王伟学习,根据预约,今天王伟将接待张一女士的评估,王蓉一边学习一边思考,评估工作太有意思了,以后她也要成为一名优秀的评估师,所以王蓉学习得非常认真。

二、任务目标

完成此项任务后,你应当能:
(1)向顾客说出评估需要进行哪些检查。
(2)与顾客进行二手车评估的评估说明。
(3)正确记录车辆的评估信息。

三、任务准备

(1)活动场地准备:多媒体教室或汽车实训室。
(2)设施设备准备:接待台、汽车、计算器、名片、笔、摄像机或照相机。
(3)学生课前准备:到实训室上课要求学生着工作服、二手车销售接待与评估的相关视频资料、班级分为若干小组、以小组为单位分配学习任务。

四、任务实施

(一)词

任务:

(1)请给加点的词注音。
(2)请准确读出以下词语的读音。

资料:

声母	唇音:b p m f	拼装 废气 电器 排气 发动机 防水 排放 密封 起步 转向盘
	舌尖中音:d t n l	动态 路试 定位 平衡 制动力 盗抢 怠速 冷却 卤素 诊断仪
	舌根音:g k h	换挡 油耗 门控 打滑 测定仪 故障 离合 锁止 空调 压力表
	舌面音:j q x	静态 驾驶 进气 动力 加速 性能 检验 强制 降挡 游动
	舌尖后音:zh ch sh r	燃油 舒适 传动 升挡 制动 驻车 内饰 摄像 光束 质检
	舌尖前音:z c s	走私 操纵 加速 随车 车舱 噪声 检测 操作 车速 底盘
韵母	开口呼:-i(前) -i(后) a o e er ai ei ao ou en ang eng	座椅 报警 机油 汽缸 密封 踏板 胎压 轮胎 自由 油耗
	齐齿呼:i ia ie iao iou ian in iang ing	仪表 项目 检测 警示 减振 泄漏 异响 转向 前照灯 压力
	合口呼:u ua uo uai uei uan uen uang ueng ong	开关 外观 点火 供油 行李 转速 刮痕 备用 换挡 滑行
	撮口呼:ü üe üan ün iong	润滑 悬架 曲轴 语调 蓄电池

(二)句

任务:

请你结合所学的语音、语调、语速知识,注意音量、眼神、表情,并配合适当的礼仪动作,自然流畅地完成以下句子。

资料:

打招呼及评估介绍	1.女士,您好!请问有什么可以帮到您的吗? 2.好的,您请坐。 3.我们在车辆评估时,使用的是专用的33项评估表,大约需要40分钟的时间。 4.那么我们现在过去看一看您的车,可以吗? 5.麻烦您把车钥匙给我一下可以吗?

续上表

打招呼及评估介绍	 
静态检查	6. 车上是否有贵重物品？有的话麻烦您拿一下。 7. 前保险杠有重新修改的痕迹，请问车子是不是发生过什么？ 8. 车身有多处轻微刮痕。 9. 车辆行驶了148 171km。 10. 发动机的故障灯平时开车的时候也一直亮着吗？ 11. 安全气囊警告灯亮，请问亮了多长时间了？ 12. 发动机表面有渗油、噪声小、无异响、排气正常。 13. 发动机表面渗油严重，有抖动。 14. 空调不制冷。 15. 二手车的静态检查应包括以下内容：车身外观状况、发动机舱内状况、车内及电器状况、底盘状况。 16. 车身检测首要目的是看"伤"，即看车主的二手车有没有严重碰撞的痕迹。 17. 外观检测一般是通过目测来进行，目测检查通常只能作定性分析。 18. 漆面光洁度有差别，反光不一样，甚至出现凹凸不平，或有明显的橘皮状，这说明该处车身有过补灰做漆。 19. 一辆轿车的VIN代码是4G4AH53L8VJ007421，其年款代码表示的年份是1997年。 20. 张女士，您好，我们现在进行的是静态检查，一会我们还要进行动态检查，需要路试，您看，您是否需要一起去看看呢？  
动态检查	21. 对二手进行技术状况的鉴定过程中，路试检查项目包括：检查汽车的动力性、汽车的操纵稳定性、制动性能、离合器、变速器和主减速器、滑行试验。 22. 挡位清晰，挡位接合明确，离合行程正常，接合时无冲击。 23. 换挡冲击小，挡位切换时发动机转速稳定。

续上表

动态检查	24. 无行驶跑偏,助力正常,自动回正力正常,转向时无异响。 25. 制动距离大,有制动轻微跑偏现象。 26. 转向时有异响。 27. 避振回复力差,有异响,有行驶严重跑偏现象。 28. 汽油机汽车排气颜色为黑色,说明混合气过浓或是点火时刻过迟,造成燃烧不完全。 29. 对二手车进行技术状况的鉴定过程中,路试后检查的项目有:一是检查各部件的温度,如油、水的温度;二是检查"四漏"情况:检查汽车的漏气、漏电、漏水、漏油情况。 30. 张女士,您好。路试结束后,油水温度正常,四漏情况良好。  

(三)篇

任务:

分小组练习,一人扮演二手车评估师,一人扮演顾客进行对话,要求配合礼仪动作完成以下对话。

资料:

(1)静态检查

王伟:张女士,您好!那么我们现在过去看一看您的车,可以吗?

顾客:没问题。

王伟:请问车停在哪里?

顾客:就停在展厅门口。

王伟:好的,麻烦您把车钥匙给我一下可以吗?

顾客:好的,给你。

王伟:张女士,车上是否有贵重物品?有的话麻烦您拿一下。

顾客:没有贵重物品,你进去检查吧。

王伟:2005年的车,行驶了148 700km,各仪表灯正常。

顾客:对。

王伟:空调不够凉,平时您开的时候感觉够凉吗?

顾客:也不够凉,不知道是不是因为雪种不够了。

王伟:有这个可能。张女士,车子其他内饰保持得还是比较完好的。

顾客:平时我用车比较多,我比较爱干净。

王伟:张女士,接下来我们看一下车身外观,这边请。

顾客:好的。

王伟:前保险杠有重新修改的痕迹,请问车子是不是发生过什么?

顾客:哦,前几年追尾了别人的车,保险杠修复过了。

王伟:怪不得,前风窗玻璃也换过了,是吧?

顾客:对,这辆车也快10年了,所以想换车了。

王伟:应该的。

(2)静态检查

王伟:张女士,接下来我们检查一下发动机舱。

顾客:好的。

王伟:张女士,您看,这根大梁有更换过的痕迹。

顾客:是的。

王伟:出过什么问题?

顾客:上次被撞了一次。

王伟:发动机表面有渗油,噪声小,无异响,排气正常。

顾客:这个问题是前两个星期出现的,还没来得及送修。

王伟:张女士,您好,我们现在进行的是静态检查,一会我们还要进行动态检查,需要路试,您看,您是否需要一起去看看呢?

顾客:一起去看看吧。

王伟:好的,正好可以向您解释一下,有利于价格的商谈。

(3)动态检查

王伟:张女士,那我们现在需要出去路试一下,可以吗?

顾客:好的。

王伟:您请上车。

顾客:谢谢。

王伟:车子的发动机有点异响哦。

顾客:是,因为想换车了,所以也懒得修。

王伟:我们准备到弯道了,一会试一下转弯,张女士请坐好哦。

顾客:没问题。

王伟:转向盘有点重,可能是缺油了。

顾客:我也觉得这台车的转向盘比别的车重。

王伟:其他车况还是不错的,谢谢您的配合。

顾客:不客气。

王伟:张女士,我们到前台休息一下吧,这边请。

(4)完整检查

王伟:张女士您好,请问您的车现在在哪?
顾客:就在正门口,白色的伊兰特,给你车钥匙。
王伟:好的,我看一看。请问您需要一起看吗?
顾客:不用了,你看了告诉我价格就行。
王伟:好的,麻烦您把车上的贵重物品拿一下。
顾客:没有贵重物品,你去看吧,没事。
王伟:好的,您先喝杯茶,稍等一下。

(几分钟后)

王伟:张女士,您好!您的车开了12年,左前翼子板有过碰撞的痕迹,是不是发生过什么事?
顾客:是呀,你的眼光真厉害。在高速路上发生过一起追尾事故,不算严重。
王伟:好的,您的车问题还真不少哦,制动力不足,加速也比较慢,转向盘有点向右跑偏,而且助力很重。
顾客:是的,如果评估价合适,马上可以出手了。
王伟:我们这里有二手车置换业务,如果您在本店购买新车,将会得到更多实惠,免提挡费,同时还可以获得5000元的置换优惠,您可以考虑一下。
顾客:这倒是可以考虑一下。

(四)景

任务:

运用术语与普通话表达技巧,结合服务礼仪,根据资料描述设计二手车评估师与顾客之间的对话。

资料:

张一开着她的现代悦动来店咨询,2005年的车,现已行驶178750km,大修发动机一次,前保险杠有过碰撞,二手车评估师王伟要为张一的车做出评估,请你根据任务要求设计静态检查及动态检查的情景对话,并作现场展示。

任务分解:

(1)分组讨论,结合以上资料进行对话设计。
(2)请将对话写在下方空格上。

(3) 明确组员角色与任务分工。

角　色	任　　务	分工方案1	分工方案2	分工方案3
王伟	扮演角色			
张一	扮演角色			
记录员	记录展示过程并点评			
摄像员	拍摄图片、视频			
观察员	观察组员表现并点评			

(4) 全班通过给小组评分，选出最佳表现奖，并说明推举理由。

(5) 各组推举出本次任务中表现最佳的"王伟"，并阐述推举理由。

_____

_____

(6) "王伟"发表获奖感言。

_____

五、任务评价

项目	评价内容	个人评价 (符合评价内容打"√")	小组评价 (符合评价内容打"√")
专业能力评价	语音清晰，能让人听得清楚		
	语调饱满，能让人听出语气的变化		
	语速适中，能控制节奏的快慢		
	停连得当，能用流利的语言进行表达		
	能运用肢体语言进行表达		
专业能力评价等级(5、4个"√"—A，3、2个"√"—B，1、0个"√"—C)			
关键能力评价	能遵守纪律，服从安排		
	能配合小组进行讨论学习		
	能完成对话设计		
	能主动扮演角色或担负任务		
	能在对话设计或展示中有所创新		
	能在学习、展示中找到乐趣		
	能维护活动场所的干净整洁		
	具备安全意识		

续上表

项 目	评 价 内 容	个人评价 （符合评价内容打"✓"）	小组评价 （符合评价内容打"✓"）
	关键能力评价等级（8、7、6个"✓"—A，5、4、3个"✓"—B，2、1、0个"✓"—C）		
个人成长评价	1. 在本次任务完成的过程中，我的优点是：_____ _____ 2. 在本次任务完成的过程中，我取得的进步有：_____ _____ 3. 在本任务学习中，我遇到的困难是：_____ _____ 4. 下一阶段我的目标是：_____ _____		

六、任务拓展

(一)绕口令练习

(1)河里有只船,船上挂白帆,风吹帆张船向前,无风帆落停下船。

(2)蜻蜓青,青浮萍,青萍上面停蜻蜓,蜻蜓青萍分不清。别把蜻蜓当青萍,别把青萍当蜻蜓。

(3)大路上一湾水,两个兔子来洗腿。一个兔子是腿粗,一个兔子是粗腿。腿粗兔子看粗腿,粗腿兔子看腿粗。不知是腿粗兔子的腿粗,还是粗腿兔子的腿粗?

(4)黄花花黄黄花黄,花黄黄花朵朵黄,朵朵黄花黄又香,黄花花香向太阳。

(5)小光和小刚,抬着水桶上岗。上山岗,歇歇凉,拿起竹竿玩打仗。乒乒乓,乓乓乒,打来打去砸了缸。小光怪小刚,小刚怪小光,小光小刚都怪竹竿和水缸。

(二)语言技能训练

用以下各词连成一段话,要求突出"创新"。

(1)晚霞、作业、香水、电影

(2)汽车、安全、北京、奶茶

(3)学生、国家、爱情、枪毙

(4)鸡蛋、火柴、南极、消失

(三)话题训练

说说你最喜欢的一个人,时间限定3分钟。

学习任务3　二手车价格商谈

学习过程

一、任务描述

王蓉认真学习,她发现王伟在向张女士解释二手车价格时,讲得非常专业,令她很佩服,于是,王蓉认真做好笔记,记录下价格商谈过程中需要的话语。她还发现王伟能熟练地运用的礼仪接待知识及口语技巧,开展二手车价格商谈及解释工作。

二、任务目标

完成此项任务后,你应当能:
(1)与顾客进行价格洽谈。
(2)与顾客解释评估价。
(3)正确解释顾客的价格疑问。

三、任务准备

(1)活动场地准备:多媒体教室或汽车实训室。
(2)设施设备准备:接待台、汽车、计算器、名片、笔、摄像机或照相机。
(3)学生课前准备:到实训室上课要求学生着工作服、二手车销售接待与评估的相关视频资料、班级分为若干小组、以小组为单位分配学习任务。

四、任务实施

(一)词

任务:
(1)请给加点的词注音。
(2)请准确读出以下词语的读音。

资料:

声母	唇音:b p m f	拍卖　平均　部件　轿车　鉴定　费用　明显 明细　破产　类比
	舌尖中音:d t n l	担保　记录　年限　交易　动机　抵押　地区 状态　停业　营运
	舌根音:g k h	公务　价格　忽略　估价　可比性　勘察　估算 痕迹　刮痕　离合器
	舌面音:j q x	价格　型号　技术　参数　市价　瑕疵　收集 现场　进口　折现

续上表

声母	舌尖后音:zh ch sh r	指标　转向　折扣　厂家　整车　置换　市价 成本　市场　指数
	舌尖前音:z c s	资料　私用　出租　参照　损耗　资产　咨询 清算　收益　司法
韵母	开口呼:-i（前）　-i（后）　a o　e　er　ai　ei　ao　ou　an en　ang　eng	报废　拖挂　里程　调整　重置　载货　轮胎 委托　淘汰　系数
	齐齿呼:i　ia　ie　iao　iou ian　in　iang　ing	交易　年限　经济　现值　收益　前桥　维修 技术　状况　总成
	合口呼:u　ua　uo　uai　uei uan　uen　uang　ueng　ong	矿山　综合　车辆　来源　原始　成本　悬架 转籍　传动　指数
	撮口呼:ü　üe　üan　ün　iong	比率　折现　成新　风险　报酬　利率　增值 荣誉　原价　预约

（二）句

任务:

请你结合所学的语音、语调、语速知识,注意音量、眼神、表情,并配合适当的礼仪动作,自然流畅地读出以下句子。

资料:

车况表述	1. 车子很新: 您的车子登记后不满1年,行驶里程15600km,没有缺陷,没有修理和买卖经历,各方面很好。 
	2. 车况很好: 您的车子登记后不满3年,行驶里程53100km,有轻微不明显的损伤,漆面、车身和内部仅有小的瑕疵,没有机械问题,无须更换部件或进行任何修理,无不良记录。 

续上表

车况表述	3. 车况良好： 您的车子登记后不满 5 年，行驶里程为 92300km，这里上过漆，机械部分及易损件有过更换，使用状况还好，故障率低。 
	4. 车况一般： 您的车子行驶里程已达 153800km，由于您的车子动力性下降，油耗增加，需要修理，车身外观有多处刮痕。 
	5. 车子尚可使用： 您的车子属于处于运行状态的旧车，油漆晦暗，锈蚀严重，有多处明显缺陷，存在不容易修复的问题，需要维修换件，可靠性很差，使用成本增加。 
	6. 待报废处理车辆： 您的车子基本到达使用年限，通过检查，能使用但不能正常使用，动力性、经济性、可靠性下降，燃料费、维修费、大修费用会大幅增长，车辆效益与支出基本持平、甚至下降，排放污染达到极限。

续上表

车况表述	**7. 报废车辆：** 我国政府有关部门颁布的机动车报废标准的两个规定指标是：机动车累计行驶的总里程数、机动车规定的使用年限。机动车达到其中一个规定指标，就应该做报废处理。您的车子已经达到报废期，只有基本材料的回收价值。
价格洽谈	8. 经过计算您的车子评估价为 20 万元，计算方法是新车购价加上牌税费，您有什么疑问吗？ 9. 经过计算您的车子评估价为 12 万元，计算方法是重置成本价乘以成新率再乘以综合调整系数。 10. 您的车评估价为 35 万元，功能性损耗、经济性损耗均较小，可忽略不计。 11. 这三处刮痕都较轻，修理、喷漆大概需要 300 元，成本很少，可忽略不计。 12. 张女士，您的车现在在市场上的成交价为 4 万元，折扣率为 20%，折后的清算价格为 3.2 万元，您看可以吗？ 13. 请问新车发票价是多少？ 14. 张女士，您的车牌是外地牌照会产生一个提档的费用，这费用大约是 500 元，我们将会在您的车价中折算出来。 15. 2014 年以后环保排放标准达不到国四的车辆不允许转入南宁市，国四的车型大部分在 2010 年以后，具体看车型公告。 16. 先生，您的车折算出来的收购价是 68000 元，您看可以吗？ 17. 如果您在我们店置换的话，公司现在有个活动，可以补贴 5000 元，活动到本月底结束。如果您真的有置换意向的话，不妨考虑一下。 18. 如果您在本店置换，不仅能大大减少一次性投入的资金，更能为您节省大量宝贵的时间和精力。

续上表

价格洽谈	19. 您放心,二手车是一车一价的,我们通过专业的评估流程,确保给您的报价是合理的。 20. 您的车正好是属于我们认证车的范围,公司对置换认证有特别优惠,所以我们的收购价格可以高于市场的价格,您如果现在置换是非常划算的。 21. 在市场价格比较法评估二手车时,参照物的价格应为二手车市场的现行市价。 22. 根据我国政府有关部门颁布的机动车报废标准,9座以下(含9座)的私人生活用车,使用年限为15年。 23. 根据我国政府有关部门颁布的机动车报废标准,旅游载客汽车和9座以上的非营运载客汽车,使用年限为10年。 24. 出租车的规定的使用年限为8年。 25. 根据我国政府有关部门颁布的机动车报废标准,载货汽车(不带拖车)使用年限为10年。 26. 达到使用年限的单位员工大型班车,安全排放性能符合国家规定的,延缓报废年限最长为10年。 27. 特大型客车、越野型客车、中型客车、商务用轿车累计行驶达到50万公里应当报废。 28. 轻型客车、微型客车累计行驶达到30万公里应当报废。 29. 汽车未达到累计行驶的总里程数和规定的使用年限的,可以继续使用。 30. 要评估一辆轿车,评估师从二手车市场获得市场参照物与被评估车辆各方面都基本相同,只是参照物后视镜被损坏需更换,约需200元,被评估车辆改装一套真皮座椅面,价值6 500元,参照物的市场价为205 000元,则被评估车辆的评估值为211 700元。 31. 好的,您真是个爽快人,这是我们的《二手车买卖合同》,请您认真阅读上面的条款,如果没有什么问题的话,请您签字,谢谢。  

(三)篇

任务:
一个人扮演王伟,一个人扮演顾客进行对话模拟练习。

资料:
(1)王伟:您的车买了还不到一年,行驶里程为18 000km,根据目前的市场价格,最后给您的评估价为 12 万元,您看如何?

顾客:还不到一年就少了 2 万元? 太低了。

王伟:这价格当然不能和新车比了,汽车属于易耗品,我也是按公式折算出来的。

顾客:那我考虑一下吧。

王伟:好的,您可以考虑一下,这是我的名片,考虑好了可以给我打电话,随时恭候您的光临。

顾客:少了 2 万,我还是卖给我朋友吧。

王伟:张女士,如果卖给朋友的话,我建议您考虑一下我们专营店。卖给朋友,卖贵了会影响到朋友关系,卖便宜了,您心里也不痛快,更重要的是,车子一旦出现了较大的问题,彼此心里都不舒服吧?

顾客:有道理哦,我还是先考虑一下吧,谢谢哦。

王伟:不客气,有需要可以随时找我。

(2)王伟:您的车已经开了 7 万公里,外表有多处轻微刮痕,维护较好,路试情况也较好,根据车子资料,目前应该是 5 万元左右。您看如何?

顾客:能不能再估高一点,这辆车的车况一直都很好的。

王伟:先生,实在抱歉,我已经估得很高了,因为您的车已经开了 5 年了,这款车目前的新车价格比您当初的价格降了 1 万元,而且这款车的百公里油耗也比较大,您这辆车还有过多处大的碰撞,所以这已经是很实惠的价格了。我们这里有二手车置换业务,如果您在本店购买新车,可以获得 5000 元的置换优惠,您可以考虑一下。

顾客:是吗? 这倒可以考虑一下。

王伟:这样吧,我找一位专业的销售顾问为您挑选一款您满意的车子。

顾客:好。

王伟:好的,您稍等。

(3)王伟:张女士,我给您算一下,如果按刚才初次检查后的价格,您的车子的评估价是 38000 元,您看可以吗?

顾客:低了一点。

王伟:您看,我们店正好有置换优惠活动,如果您在我们店置换的话,可以补贴 5000 元,活动到本月底结束。不仅如此,还能大大减少您一次性投入的资金,更能为您节省大量宝贵的时间和精力,如果您真的有置换意向的话,不妨考虑一下。

顾客:好呀,我正好看中了新悦动,我再去看一看吧。

王伟:好的,这是我的名片,有需要帮忙的地方可以找我,我叫王伟。

顾客:好,我会的。

(4)王伟:张女士,您好,我给您的车子估价 14.38 万元,您觉得怎么样?

顾客:才 2 年就少了 3 万元。

王伟:是这样的,您的车子车况很好,我们使用的是年限法来算的。

顾客:说来听听。

王伟：第一年折旧率为15%,第二年再折6%,而这款车的新车价格是18万元,所以最后的价格为14.38万元。

顾客：那好吧,我也不想跑那么多地方了,就冲你这份热情,成交了。

王伟：好的,张女士,您真是个爽快人,这是我们的《二手车买卖合同》,请您认真阅读上面的条款,如果没有什么问题的话,请您在这里签字,谢谢。

(四)景

任务：

运用术语与普通话表达技巧,结合服务礼仪,根据资料描述设计二手车评估师与顾客之间的对话。

资料：

二手车评估师王伟为顾客张一的车子作出36 000元的评估价格,张一不明白估价的根据,于是王伟向张女士进行了解释,请你根据任务要求设计价格计算及商谈的情景对话,并作现场展示。

任务分解：

(1)分组讨论,结合以上资料进行对话设计。

(2)请将对话写在下方空格上。

_____
_____
_____
_____
_____
_____
_____

(3)明确组员角色与任务分工。

角 色	任 务	分工方案1	分工方案2	分工方案3
王伟	扮演角色			
张一	扮演角色			
记录员	记录展示过程并点评			
摄像员	拍摄图片、视频			
观察员	观察组员表现并点评			

(4)全班通过给小组评分,选出最佳表现奖,并说明推举理由。

(5)各组推举出本次任务中表现最佳的"王伟",并阐述推举理由。

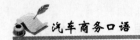

(6)"王伟"发表获奖感言。

五、任务评价

学习活动评价表

项 目	评 价 内 容	个人评价 (符合评价内容打"✓")	小组评价 (符合评价内容打"✓")
专业能力评价	语音清晰,能让人听得清楚		
	语调饱满,能让人听出语气的变化		
	语速适中,能控制节奏的快慢		
	停连得当,能用流利的语言进行表达		
	能运用肢体语言进行表达		
专业能力评价等级(5、4个"✓"—A,3、2个"✓"—B,1、0个"✓"—C)			
关键能力评价	能遵守纪律,服从安排,不做与课堂无关的事		
	能配合小组进行讨论学习		
	能完成对话设计		
	能主动扮演角色或担负任务		
	能在对话设计或展示中有所创新		
	能在学习、展示中找到乐趣		
	能维护活动场所的干净整洁		
	具备安全意识		
关键能力评价等级(8、7、6个"✓"—A,5、4、3个"✓"—B,2、1、0个"✓"—C)			
个人成长评价	1.在本次任务完成的过程中,我的优点是:_____		
	2.在本次任务完成的过程中,我取得的进步有:_____		
	3.在本任务学习中,我遇到的困难是:_____		
	4.下一阶段我的目标是:_____		

六、任务拓展

(一)绕口令练习

(1)小六骑车去打油,看见小妞拍皮球,皮球飞来吓跑牛,摔了小六洒了油。

(2)路东住着刘小柳,路南住着牛小妞。刘小柳拿着九个红皮球,牛小妞抱着六个大石榴。刘小柳把九个红皮球送给牛小妞,牛小妞把六个大石榴送给刘小柳。牛小妞脸儿乐得像红皮球,刘小柳笑得像开花的大石榴。

(3)肉炒豆,豆炒肉,肉是肉,豆是豆。肉炒豆肉里有豆,豆炒肉豆里有肉。

(4)谭家谭老汉,挑担到蛋摊,买了半担蛋,挑蛋到炭摊。买了半担炭,满担是蛋炭。老汉忙回赶,回家炒蛋饭。进门跨门槛,脚下绊一绊。跌了谭老汉,破了半担蛋。翻了半担炭,脏了木门槛。老汉看一看,急得满头汗。连说怎么办,蛋炭完了蛋,老汉怎吃蛋炒饭。

(5)白庙外蹲一只白猫,白庙里有一项白帽。白庙外的白猫看见了白帽,叼着白庙里的白帽跑出了白庙。

(二)语言技能训练

给你的同学写几句话,写出他(她)的优点,注明欣赏他(她)的理由。作者不记名,写完后派几位同学选部分读出来(学生少的班级可以全部读出来),然后交给所写的人。

(三)话题训练

"我的愿望(梦想)",时间限定3分钟。

学习任务4 二手车销售

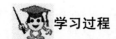
学习过程

一、任务描述

随着店里置换下来的二手车的数量越来越多,二手车销售也成了销售部很重要的一块业务。王蓉跟着师傅方芳学习一段时间后,师傅为了让她迅速成长起来,决定让她自己独立去完成二手车的销售工作。并要求她在与客户交谈之前,除了熟悉业务流程,学会站在客户的角度思考问题之外,还要加强普通话表达技巧的训练,结合常用的接待服务用语和礼仪技能,开展强化训练,并将训练成果熟练运用于这些流程活动中。

二、任务目标

完成此项任务后,你应当能:
(1)能够对多位顾客进行店面接待。

(2)能够对顾客推销二手车。
(3)能够对顾客做好电话回访等相关工作。

三、任务准备

(1)活动场地准备:把课桌椅三三两两拼成方块形状,并呈"U"字形排列,能使各小组成员围坐在一起,并空出中间场地供学生展示成果。

(2)设施设备准备:仪容镜、录放机、摄像机、语音室等实训设施设备。二手车销售流程图等相关资料。

(3)学生课前准备:普通话学习工具书;接待人员仪容、仪表、仪态知识及技能标准;服务行业接待人员常用的礼貌用语。

四、任务实施

(一)词

任务:
(1)请给加点的词注音。
(2)请准确读出以下词语的读音。

资料:

声母	唇音:b p m f	编号 部分 副本 发票 付款方式 品牌 风险 配置 售卖 免检证明
	舌尖中音:d t n l	同意 电话 波动 办理 合同效力 妥善 质量 承担 订购单 内容折抵
	舌根音:g k h	过目 户名 车款 购车方 合格证 订货 相关 优惠 规定 车管所
	舌面音:j q x	按揭 旧车 基本 性能 兴趣 交接 结清 现金 协商 保险单据
	舌尖后音:zh ch sh r	转账 损失 数额 确认 常住地址 处理 直接 冲抵 出售方 爽快人
	舌尖前音:z c s	资料 颜色 签字 自然 参照表 灾难 选择 色彩 最终 遭受损失
韵母	开口呼:-i(前) -i(后) a o e er ai ei ao ou an en ang eng	上牌 事宜 贷款 账号 订购单 变更 生效 提车 盖章 购置税
	齐齿呼:i ia ie iao iou ian in iang ing	签订 联系 注意事项 免检证明 行情 效力 试乘试驾 交车时间 款项 协议

续上表

韵母	合口呼：u ua uo uai uei uan uen uang ueng ong	账户　情况　余款　多退少补　疑问　刷卡　支付方式　二维条码　过户费用　售后服务
	撮口呼：ü üe üan ün iong	余额　履行　预付　洽谈区　销售合约　货源手续　费用　确认单　合约原件

（二）句

任务：

请你结合礼仪知识，配合礼仪动作、肢体语言，自然流畅地说出以下话语。

资料：

用户接待	1. 您好，这里是北京现代南宁分公司，我是这里的二手车销售顾问王蓉，能为您做点什么呢？ 2. 二位要看的车就停在那边，请随我来。  
试乘试驾	3. 女士，通过刚才的介绍，想必您现在一定想体验一下，我们的车辆允许试乘试驾，您可以亲自体验下，这边请。 4. 女士，为了您的安全，我建议您试乘。 5. 女士，您刚才乘坐感受如何？您给我们的车打多少分？  
商价议价	6. 表面上看起来我们的车会比其他店的贵一些，但是，您请听我仔细为您分析您就明白了。 7. 为了保障售后服务，我公司对售出的每一辆车都提供一定时间或一定里程的质保。 8. 我们为了保证展出车辆品质，我们每辆车都是全面检测、精心整备，整备费用都相对比其他公司贵。

续上表

商价议价	9. 我们每辆车都是明码标价,童叟无欺。 10. 这是车辆的费用情况,您看还有哪里不明白的吗?  
签订合同及结款	11. 请您随我到洽谈区,方便我们签订《二手车销售合同》。 12. 这是我们的《二手车销售合同》,请您认真阅读上面的条款。如果您没有什么疑问的话,请您在这里签字。 13. 女士,请您稍等,我去盖章。 14. 女士,让您久等了,这是合约副本,请您收好。 15. 女士,那我们到财务部门交个订金吧,您这边请。 16. 女士,请问您会采取什么支付方式支付余款? 17. 您可以把余款汇到我们的公司账户上,也可以提车当天直接支付现金。 18. 你的余款我们已经收到了,请放心,发票我们也开好了,会在您提车的时候把发票一起给您。 19. 女士,请您准备好定金收据、合约原件、身份证原件以及现金(如果顾客决定当天交现金)到我们店,我们恭候您的光临。  
成交车辆	20. 女士,我们一直在等您,请您随我到洽谈区,让我为您介绍交车的流程。 21. 女士,这是车发票,请您核对您的姓名和身份证号码,您看,发票一共三联,第一联是发票联,第二联是上税联,第三联是上牌联,请您妥善保管。 22. 刚才我们已经确认了车的配置与其他相关性能,如果没有什么问题的话,请您在交车确认单上签名,可以吗? 23. 交警过户的规定具有地方特色,时间长短并不一致。 24. 我们会尽量和您协调您方便的时间前往车管所办理过户登记手续。

续上表

成交车辆	 
追踪回访	25.女士,不好意思,我们想占用您几分钟对您车辆的使用情况做一个简单的回访。 26.您最近驾车感觉怎么样? 27.您的车辆在使用过程中有什么疑问的话请您告诉我们,我们会及时地为您处理。 28.请问您对我们的服务还满意吗?如存在还不满意的地方希望您能告诉我。 29.感谢您对我们工作的支持! 30.祝您用车愉快,再见! 

(三)篇

任务:

一个人扮演王蓉,一个人扮演客户进行对话模拟练习。

(1)王蓉:您好!这里是北京现代南宁分公司,我是这里的二手车销售顾问王蓉,能为您做点什么呢?

顾客:陈小姐好!我前段时间有一辆旧车在你们店置换新车后放在你们店代售,我有位朋友对它比较感兴趣,想过来看一下,也不知那辆车卖了没有?

王蓉:请问女士您怎么称呼?我帮您查一下。

顾客:我叫张一。

王蓉:张女士,您好!现在还要麻烦您告诉我一下您那辆车的车型和年款,好吗?

顾客:它是2008年款的伊兰特。

王蓉:好的,张女士,我现在正在帮您查询,不好意思请您稍等片刻。

顾客:好吧,没问题。

王蓉:张女士,是这样的,我帮您查到了,那辆车暂时还没有售出去。要不我帮您约个时间安排您带您的朋友过来看一下车?

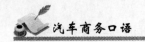

顾客:可以。

王蓉:张女士,那请问您什么时间方便把您的朋友带过来?

顾客:我这周五下午有时间。

王蓉:张女士,那我们就把时间定在这周五下午三点,您看行吗?还有您的联系方式需要记录一下。

顾客:时间可以的,我的电话号码是13987889999。

王蓉:张女士,我确认一下,我们定在周五下午三点的时候,您的电话号码是13987889999,对吗?

顾客:是的。

王蓉:好的,张女士,感谢您的来电。祝您工作顺利,再见。

顾客:再见。

(2)王蓉:下午好,欢迎光临!我是这里的二手车销售顾问王蓉,这是我的名片,您们可以叫我小王。请问有什么可以帮到二位?

张女士:我们是约好今天下午来看我那辆代售二手车的。

王蓉:请问您就是张女士吧?

张女士:是的,这位就是我的朋友王女士,我们过来看下那辆车。

王蓉:张女士,王女士,很高兴能为二位效劳。二位要看的车就停在那边,请随我来。

(3)王蓉:王女士好!这是我们的《二手车销售合同》,请您认真阅读上面的条款,如果没有什么问题的话,请您签字。谢谢。

顾客:好的,我先看一下。

王蓉:王女士,假如您在阅读时有任何疑问的话尽管问我。

顾客:我想问下这合同中的《未过户二手车买卖协议》是什么意思?

王蓉:是这样的,王女士,通常情况下,我们都会在您提车前为您完成这辆车的过户,那样也就不用签订合同中的这份协议了,但现在涉及您想先提车,过后再和我们约时间去过户,为了更好地保护双方的权益,现在合同中就需要您也签订这份协议。

顾客:哦,我知道了。

王蓉:王女士,请问还有什么地方需要为您解释的吗?

顾客:没有了,那就签合同吧。

王蓉:王女士您真是个爽快人。请签在这里!谢谢!

(4)王蓉:王女士,您好!我是北京现代南宁分公司的王蓉。

顾客:你好!

王蓉:王女士,您三天前在我们店买了一辆2008年的伊兰特,在这里我们不好意思想占用您几分钟对您车辆的使用情况做一个简单的回访。

顾客:哦。

王蓉:您最近驾车感觉怎么样?

顾客:还不错,开起来还蛮顺手的,动力也还不错。

王蓉:很荣幸能听到您对我们车子的夸奖!王女士,我们上次约好这周三上午八点半到车管所去办理过户手续的,您应该没有问题吧?

顾客:哦,你不提我还真忘记了,幸好你提醒我,那天我没问题的。

王蓉:不用客气,这是我应该做的。王女士,那我们就周三上午八点半在车管所见。

顾客:好的。

王蓉:王女士,感谢您对我们工作的支持。祝您用车愉快,再见!

顾客:再见!

(四)景

任务:

(1)设计王蓉与客户之间的对话。

(2)结合礼仪接待规范进行现场展示。

资料:

王蓉是一名二手车销售顾问,今天在整理《成交用户档案》时,发现有位张女士在她这里买二手伊兰特车正好有三个月了,按照公司要求,现在需要对张女士进行一次电话回访。于是王蓉就拨通了张女士的电话,对张女士进行回访,并且在回访过程中请张女士推荐其他意向客户。

任务分解:

(1)分组讨论、设计王蓉与张女士之间的对话。

(2)将对话设计写在下面。

_____
_____
_____
_____
_____
_____

(3)明确组员角色与任务分工。

角 色	任 务	分工方案1	分工方案2	分工方案3
陈晓	扮演角色			
张女士	扮演角色			
记录员1	跟踪记录场景展示过程并点评			
记录员2	跟踪记录场景展示过程并点评			
摄像员	拍摄图片、视频			
观察员	观察组员并作点评			

(4)各小组选出本组最佳"王蓉与客户",代表本组展示对话情景,接受各组检阅。

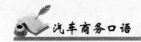

(5)各组推举出本次任务中表现最佳的"王蓉与客户",并阐述推举理由。

推举理由:_____

_____

_____

五、任务评价

项 目	评 价 内 容	个人评价 (符合评价内容打"√")	小组评价 (符合评价内容打"√")
专业能力 评价	1.语音清晰,能让人听得清楚		
	2.语调饱满,能让人听出语气的变化		
	3.语速适中,能控制节奏的快慢		
	4.停连得当,能用流利的语言进行表达		
	5.能运用肢体语言进行表达		
专业能力评价等级(5、4个"√"—A,3、2个"√"—B,1、0个"√"—C)			
关键能力 评价	6.能遵守纪律,服从安排		
	7.能配合小组进行讨论学习		
	8.能完成对话设计		
	9.能主动扮演角色或担负任务		
	10.能在对话设计或展示中有所创新		
	11.能在学习、展示中找到乐趣		
	12.能维护活动场所的干净整洁		
	13.具备安全意识		
关键能力评价等级(8、7、6个"√"—A,5、4、3个"√"—B,2、1、0个"√"—C)			
个人成长 评价	1.在本次任务完成的过程中,我的优点是:_____		
	2.在本次任务完成的过程中,我取得的进步有:_____		
	3.在本任务学习中,我遇到的困难是:_____		
	4.下一阶段我的目标是:_____		

六、任务拓展

(一)绕口令练习

(1)八只小白兔,住在八棱八角八座屋。八个小孩要逮八只小白兔,吓得小白兔,不敢再住八棱八角八座屋。

(2)小牛放学去打球,踢倒老刘一瓶油,小牛回家取来油,向老刘道歉又赔油,老刘不要小牛还油,小牛硬要把油还给老刘,老刘夸小牛,小直摇头,你猜老刘让小牛还油,还是不让小牛还油。

(3)司小四和史小世司小四和史小世,四月十四日十四时四十上集市,司小四买了四十四斤四两西红柿,史小世买了十四斤四两细蚕丝。司小四要拿四十四斤四两西红柿换史小世十四斤四两细蚕丝。史小世十四斤四两细蚕丝不换司小四四十四斤四两西红柿。司小四说我四十四斤四两西红柿可以增加营养防近视,史小世说我十四斤四两细蚕丝可以织绸织缎又抽丝。

(4)从我国的广州出发,离开珠江口,过我国南海的万山群岛;走西沙、南沙、曾母暗沙,新加坡、马来西亚、印度尼西亚的苏门答腊;穿过马六甲海峡,进印度洋;走甘岛,塞舌尔群岛,到维多利亚;再走1808就到了坦桑尼亚。

(二)语言技能训练

依照人们的思维习惯总认为"红砖"是用来造房子的,请您在一分钟内,说出"红砖"的另外8种用途。

(三)话题训练

说说"我最喜欢的一道菜",时间限定3分钟。

参 考 文 献

[1] 朱小燕,邓飞.汽车销售实务.北京:机械工业出版社,2011.
[2] 屠卫星.汽车文化.北京:人民交通出版社,2005.
[3] 刘有星,钟声.汽车配件管理.北京:人民交通出版社,2010.
[4] 林凤.汽车配件管理与营销.重庆:重庆大学出版社,2009.
[5] 董恩国,张蕾.汽车保险与理赔实务.北京:机械工业出版社,2007.
[6] 但淑英.汽车保险与实务.北京:清华大学出版社,2010.
[7] 费洁.汽车保险.北京:中国金融出版社,2009.
[8] 裘文才.二手车评估.北京:人民交通出版社,2010.
[9] 贺展开.二手车鉴定与评估.北京:机械工业出版社,2012.
[10] 鲁植雄.二手车鉴定评估师(基础知识)职业资格培训教程.北京:中国劳动出版社 2008.